Kochen für das Herz

nach mediterraner Art

Prof. Dr. med. Peter E. Ballmer • Erica Bänziger • Maya Rühlin

Kochen für das Herz

nach mediterraner Art

Schweizerische Herzstiftung

FONA

Wir danken der Schweizerischen Herzstiftung, Bern, für ihre Beratung und Unterstützung.

Schweizerische Herzstiftung
Dufourstrasse 30, 3005 Bern • Tel. 031 388 80 80
info@swissheart.ch • www.swissheart.ch
Spendenkonto CH21 0900 0000 3000 4356 3

Überarbeitete Ausgabe 2023

www.fona.ch

Lektorat
Léonie Schmid

Gestaltung
FonaGrafik, Hiroe Mori

Foodbilder
Andreas Thumm, Freiburg i. Br.

Bilder Einführung
Andreas Thumm, Freiburg i. Br. (Seiten 35, 37)
getty images, München (Seiten 31, 39, 42)

Illustrationen Einführung
Schweizerische Herzstiftung, Bern

Texte Einführung
Prof. Dr. med. Peter E. Ballmer
Maya Rühlin

Rezepte
Erica Bänziger

Druck Druckerei Himmer GmbH, Augsburg

ISBN 978-3-03780-683-8

Das Buch ist in französischer Sprache unter dem Titel «La cuisine pour le cœur – à la façon méditerranéenne» erschienen, ISBN 978-3-03780-546-6.

Inhalt

Vegetarische Mahlzeiten und Beilagen

Mahlzeiten mit Fisch

Mahlzeiten mit Fleisch

Desserts

Anhang

Rezepte
Wo nicht anders vermerkt, sind die Rezepte für 2 Personen berechnet.

Abkürzungen

EL	gestrichener Esslöffel
TL	gestrichener Teelöffel
dl	Deziliter
ml	Milliliter
l	Liter
Msp	Messerspitze

Die Nährwerte sind für 1 Portion berechnet.

Die Schweizerische Herzstiftung

Schweizerische
Herzstiftung

Die Schweizerische Herzstiftung setzt sich mit der Forschungsförderung und einer umfassenden Aufklärungsarbeit dafür ein, dass weniger Menschen an Herz-Kreislauf-Leiden erkranken oder dadurch behindert bleiben, Menschen nicht vorzeitig an Herzinfarkt oder Hirnschlag sterben und für Betroffene das Leben lebenswert bleibt. Die Stiftung hat sich zum Ziel gesetzt, Patientinnen und Patienten sowie die breite Öffentlichkeit über die Risiken für Herz und Kreislauf, die verschiedenen Krankheitsbilder, Diagnoseverfahren und Therapien, Rehabilitation und Präventionsmöglichkeiten zu informieren. Das Leistungsangebot wird ergänzt durch die schriftliche Beratung. Daneben unterstützt die Schweizerische Herzstiftung Forschungsprojekte in den Bereichen Herz-Gefäss-Krankheiten und Hirnschlag und vergibt jährlich einen Forschungspreis.

Mit einem herzgesunden Lebensstil und einer bewussten Ernährung kann jede und jeder Einzelne viel dazu beitragen, dass es erst gar nicht zu einer Erkrankung, einem Herzinfarkt oder einem Hirnschlag kommt. Ihre Spende hilft, diese Tätigkeiten im Dienst der Betroffenen und der gesamten Bevölkerung fortzuführen. Herzlichen Dank für Ihre Unterstützung!

Geniessen nach Herzenslust

Vergleicht man die Ernährung verschiedener Bevölkerungsgruppen und die Veränderung der Herz-Kreislauf-Gesundheit in diesen Populationen, so drängt sich der Schluss auf, dass die Geschichte der Ernährung weitgehend parallel verläuft zur Geschichte der Herz-Kreislauf-Erkrankungen.
Beobachtungen in jüngerer Zeit und über grössere geschichtliche Abschnitte belegen, welche entscheidende Bedeutung die Ernährung für die vorzeitige Arteriosklerose hat. Mein klinischer Lehrer, Professor Robert Hegglin, stellte während des Zweiten Weltkrieges in der Schweiz praktisch keine Herzinfarkte fest. Es gab – wie ich mich selbst erinnere – sehr wenig Fleisch und Butter, dafür ass man Brot, Kartoffeln und Gemüse aus dem eigenen Garten.

Bei den im Koreakrieg gefallenen jungen amerikanischen Soldaten zeigte die Autopsie massive Arteriosklerose in Herzkranz- und anderen Arterien, was möglicherweise mit der übermässigen Versorgung der Truppe mit Fleisch, Eiern und Milchprodukten (American breakfast!) und fehlendem Konsum von Früchten und Gemüse zusammenhing.
Chruschtschow importierte nach seinem USA-Besuch im Jahre 1960 Unmengen tierischer Fette, Fleisch, Milchprodukte, Eier und Zucker in die Sowjetunion und in die Staaten hinter dem Eisernen Vorhang, um seine gescheiterte Agrarreform zu überwinden. In der Folge wiesen diese Länder die höchsten Herz-Kreislauf-Todesraten aller Länder auf. Einzig Polen schlug nach seiner Unabhängigkeit mit grossen Importen von Gemüse und Früchten aus dem Mittelmeerraum einen eigenen Weg in der Ernährung ein. Das erfreuliche Resultat: Die kardiovaskuläre Sterblichkeit ging in Polen innert weniger Jahre um einen Viertel zurück.

Was eine Umstellung des Lebensstils bewirken kann, zeigt das eindrückliche Beispiel von Finnland. Noch in den Sechzigerjahren starben dort weltweit am meisten Menschen an Herz-Kreislauf-Erkrankungen. Dank Aufklärungskampagnen in der Bevölkerung über die Bedeutung einer gesunden Ernährung und gegen das Rauchen verringerten sich die Herztodesfälle innerhalb von zwanzig Jahren um die Hälfte. Das Auftreten von Herz-Kreislauf-Erkrankungen war deutlich rückläufig. Auch andere Beispiele belegen die Bedeutung der Ernährung für die Gesundheit: So sterben Eskimos und Japaner seltener den Herztod als andere Völker. Der hohe Fischverzehr dürfte dafür mitverantwortlich sein. Getrübt wird dieses Bild allerdings im nördlichen Japan. Dort nehmen die Menschen mehr Kochsalz zu sich. Bluthochdruck und – als Folge davon – Hirnschlagerkrankungen sind deshalb in diesem Teil des Landes deutlich häufiger.

Bei allen diesen Beispielen mögen andere Faktoren wie die wirtschaftliche Situation, die körperliche Aktivität, das Rauchen und die medizinische Versorgung eine Rolle spielen, aber der Einfluss der Ernährung ist klar erkennbar.

Überblicken wir die grossen Zeiträume der etwa 40'000 Jahre alten Menschheitsgeschichte, so fristete der Mensch vor allem als Sammler von Früchten, Pflan-

zen und Wurzeln sein Dasein. Auch als sesshaftes Wesen ernährte er sich karg, insbesondere von Produkten der Erde. In dieser Zeit – und möglicherweise schon davor – entwickelten sich wohl die arteigenen Mechanismen des Stoffwechsels.
Erst die industrielle und landwirtschaftliche Revolution mit intensiver Tierhaltung brachte massenhaft tierische Produkte auf den Markt. Die weltweite Handels- und Kommunikationsrevolution rief neue Dimensionen menschlicher Gesundheit beziehungsweise Krankheit auf den Plan. Die Infektionskrankheiten – früher die häufigsten Krankheits- und Todesursachen in den Industriestaaten – wurden durch kardiovaskuläre Krankheiten abgelöst.

Eine weitere wichtige Gefahr für Herzkrankheiten und Zuckerkrankheit (Diabetes) besteht in der Überernährung unserer meist «sitzenden» Wohlstandsgesellschaft. Die körperliche Arbeit übernehmen heute mehrheitlich Maschinen. Mit der Urbanisierung verlagerte sich unsere Bewegung in horizontale und vertikale «Käfige» (Auto und Lift). Beides führte zu einem verminderten Kalorienverbrauch. Wenn wir uns nicht wieder vermehrt mit der eigenen Muskelkraft fortbewegen, so führt eine den Kalorienverbrauch dauernd übersteigende Kalorienaufnahme rasch zu Fettpolstern, die sich vor allem in der Bauch- und in anderen Körperregionen festsetzen.
Das «Übergewicht» ist eine typische «Zuvielisationskrankheit». Vor allem in den USA und zunehmend auch in anderen Industrieländern grassiert sie bereits bei Jugendlichen. Es wird ein Übermass an Kalorien zugeführt, so dass ein tödliches Quartett von Übergewicht, Zuckerkrankheit (Diabetes Typ 2), Bluthochdruck und Fettstoffwechselstörung droht, wenn das Risiko nicht durch entsprechende Verhaltensänderungen reduziert wird.

Die neuen Ernährungsrichtlinien wichtiger Fachinstitutionen tragen diesen Erkenntnissen Rechnung und empfehlen eine Ernährung, die arm an gesättigten Fetten in Form von verarbeitetem Fleisch (Wurtswaren, Speck usw.) und Kochsalz (Natriumchlorid), aber reich an einfach ungesättigten Fettsäuren, Kalzium und Kalium ist. Diese vorwiegend pflanzliche Ernährung führt uns zurück in die Zeiten der Evolution des menschlichen Stoffwechselsystems.

Unser Kochbuch «Kochen für das Herz» will Ihnen zeigen, wie eine herzgesunde und dennoch schmackhafte Küche aussehen kann. Es soll Sie ferner motivieren, die leicht zu merkenden Grundsätze dieser Ernährungsweise im Alltag umzusetzen nach dem Motto «Geniessen nach Herzenslust».

Prof. Dr. med. Wilhelm Rutishauser
Mitglied des Stiftungsrates und Ehrenpräsident der Schweizerischen Herzstiftung

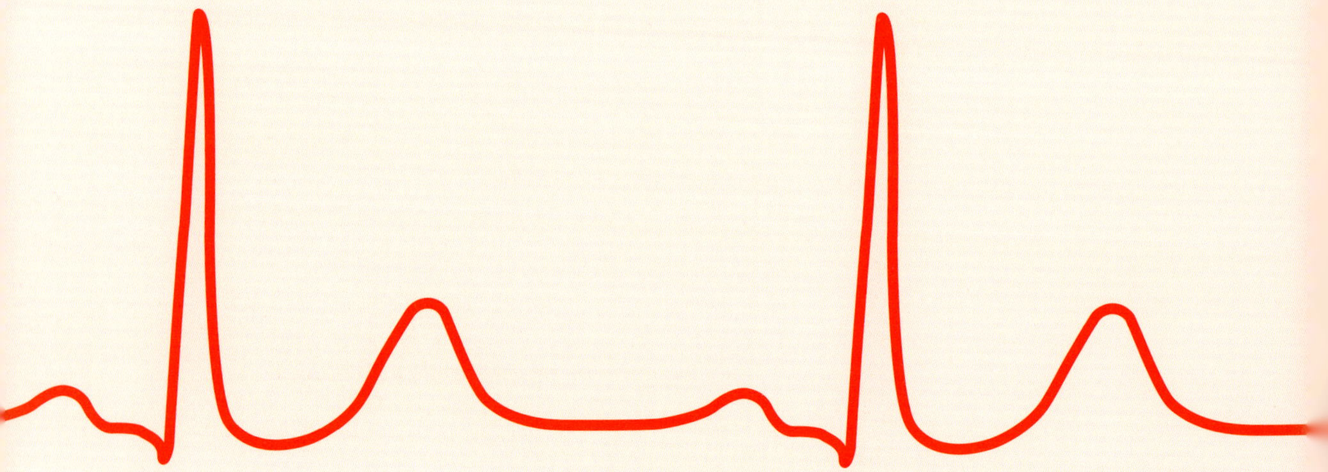

Medizinische Einführung

Eine herzgesunde Ernährung schützt vor Erkrankungen des Herzens und der Gefässe

Kaum eine andere Gruppe von Krankheiten wird durch unseren Lebensstil so stark beeinflusst wie diejenige des Herz-Kreislauf-Systems. Obwohl über die Ursachen dieser Erkrankungen heute viel Wissen vorhanden ist und die wichtigsten Risikofaktoren bekannt sind (siehe rechts), stehen diese Leiden nach wie vor an der Spitze der Todesursachen der Bevölkerung in den industrialisierten Ländern, so auch in der Schweiz. Dabei ist seit langem klar: Würde das Vorbeugungspotenzial besser genutzt, liesse sich mehr als die Hälfte der Herz-Kreislauf-Krankheiten vermeiden oder ihr Auftreten zumindest hinauszögern und damit die Zahl der krankheitsfreien Lebensjahre erhöhen.

Der Ernährung kommt in der Prävention eine besondere Bedeutung zu. Denn durch eine falsche Ernährung werden mehrere Risikofaktoren direkt und indirekt gefördert und die Wegbereiterin dieser Erkrankungen, die Arteriosklerose («Arterienverkalkung»), begünstigt. Eine herzgesunde Ernährung leistet somit einen wichtigen und erst noch schmackhaften Beitrag zur Vorbeugung einer Gefässkrankheit wie Angina pectoris, Herzinfarkt, Beinarterienverschluss und Hirnschlag.

Arteriosklerose als Grundübel

Herz-Kreislauf-Erkrankungen sind die Folge einer meist fortgeschrittenen Arteriosklerose. Viele der beeinflussbaren Risikofaktoren wie Zigarettenrauchen, Zuckerkrankheit (Diabetes Typ 2), Bluthochdruck und mangelnde körperliche Aktivität schädigen die Blutgefässe. Der beginnende Arteriosklerose-Prozess ist gekennzeichnet durch Fettdepots, die in die Gefässinnenwand abgelagert werden. Dies kann bereits im Kindesalter beginnen. Später kommt es zu Wucherungen umliegender Zellen und Kalkeinlagerungen. Im Volksmund ist deshalb auch von «Arterienverkalkung» die Rede. Durch die arteriosklerotischen Ablagerungen (Plaques) wird das Gefäss verengt, teilweise oder gar vollständig verschlossen. Die Arteriosklerose kann alle Arterien des Körpers befallen. Besonders gefährlich wird es, wenn sie in den Herzkranzgefässen, in den Hals- oder Hirnarterien entsteht, da diese die Blutversorgung lebenswichtiger Organe sicherstellen.

Vermeidbare Risikofaktoren für die Entstehung von Arteriosklerose

- **Zigarettenauchen** bzw. jeglicher Konsum von Tabak
- **Ungesunde Ernährungsweise**
- **Bewegungsmangel:** Frauen und Männer im erwerbsfähigen Alter und robuste ältere Erwachsene sollten mindestens 2½ Stunden Bewegung pro Woche in Form von Alltagsaktivitäten oder Sport mit mindestens mittlerer Intensität oder 1¼ Stunden Sport oder Bewegung mit hoher Intensität durchführen. Eine mittlere Intensität weisen körperliche Aktivitäten auf, bei denen man zumindest etwas ausser Atem, aber nicht unbedingt ins Schwitzen kommt.
- **Übergewicht:** Für Übergewicht gibt es verschiedene Definitionen. Das wichtigste Mass ist der Body-Mass-Index (BMI). Er wird aus der Körpergrösse und dem Körpergewicht berechnet. Der Bauchumfang (gemessen stehend in der Mitte zwischen Rippenbogen und Hüftknochen auf der Höhe des Bauchnabels) ist auch ein wichtiger Risikofaktor für Herz-Kreislauf-Erkrankungen, Zuckerkrankheit und Bluthochdruck. Ein Bauchumfang bei Frauen von grösser als 80 cm und bei Männern von grösser als 94 cm erhöht das Risiko für eine Herz-Kreislauf-Erkrankung. Drastisch ist das Risiko erhöht, wenn der Bauchumfang 88 cm bei Frauen und 102 cm bei Männern übersteigt.
- **Hoher Blutdruck (arterielle Hypertonie):** Oberer Wert über 139 mm Hg und/oder unterer Wert über 89 mm Hg.
- **Erhöhte Blutfette (Seite 23 ff.)**, insbesondere ein erhöhter Cholesterinspiegel, sind ein wichtiger Risikofaktor für Herz-Kreislauf-Krankheiten, denn sie fördern die Arteriosklerose.
- **Zuckerkrankheit (Diabetes Typ 2)** bzw. ein Blutzuckerwert nüchtern von über 7 mmol/l.
- **Stress:** Wir unterscheiden zwischen nicht schädigendem und ungesundem schädlichem Stress. Die Aussage «Ich habe Stress» bedeutet noch nicht, dass er von jedem Menschen als ungesund bzw. schädlich empfunden wird. Ein gewisses Mass an «Stress» kann durchaus positiv sein.

Nicht beeinflussbare Risikofaktoren

- **Genetische Veranlagung:** Beispielsweise wenn bei Familienangehörigen ersten Grades (Eltern, Geschwister, Kinder) Herz-Kreislauf-Krankheiten bei Frauen vor dem 65. und bei Männern vor dem 55. Lebensjahr auftreten.
- **Geschlecht:** Frauen sind durch ihre Hormone bis zur Menopause weitgehend geschützt. Nachher aber holen sie innerhalb von zehn Jahren auf.
- **Alter:** Männer über 45 Jahre, Frauen über 50 Jahre. Das Risiko für eine Herz-Kreislauf-Erkrankung steigt innerhalb der nächsten zehn Jahre statistisch stark an.

Koronare Herzkrankheit

Die koronare Herzkrankheit ist der Endpunkt eines langen Prozesses, bei dem die Herzkranzgefässe durch arteriosklerotische Plaques (Auflagerungen, Kissen aus Fettsubstanzen) zusehends verengt werden. Bei körperlicher Belastung, wenn der Sauerstoffbedarf erhöht ist, erhält der Herzmuskel nicht mehr genügend sauerstoffreiches Blut. Diese Mangeldurchblutung äussert sich mit Brustschmerzen (Angina pectoris), die ein ernst zu nehmendes Warnsignal einer fortgeschrittenen Arteriosklerose sind. Lebensbedrohlich wird die Situation, wenn eine Plaque einreisst und sich an dieser Stelle ein Blutgerinnsel bildet. Dieses kann das Gefäss verschliessen und einen Herzinfarkt auslösen. Dabei stirbt ein Teil des Herzmuskelgewebes ab, wenn die Blutversorgung nicht unverzüglich wiederhergestellt wird (Abbildung nebenan).

Durchblutungsstörungen können auch in einer arteriosklerotisch verengten Hirn- oder Beinarterie auftreten. Bei der Hirnarterie ist die mögliche Folge ein Hirnschlag. Dabei kommt es zu Schädigungen oder zum Absterben von Hirnnervenzellen mit Folgeerscheinungen wie Lähmungen eines Körperteils, Verlust der Sprache, Sehstörungen oder Blindheit. Liegt eine hochgradige Einengung oder gar ein totaler Verschluss in einer Beinarterie (seltener in einer Armarterie) vor, führt das beim Gehen zu heftigen Schmerzen (Schaufensterkrankheit) oder zu verzögert heilenden Wunden an Fuss und Zehen (Raucherbein), manchmal gar zum Verlust einer Gliedmasse.

Die verschiedenen Krankheitsbilder zeigen, dass eine fortgeschrittene Arteriosklerose immer zu einer kritischen Funktionseinschränkung der betroffenen Organe mit entsprechenden Symptomen führt. Bei einem «Infarkt» stirbt jeweils ein Teil des Organs oder des Gewebes ab und das betroffene Organ wird bleibend in seiner Funktion geschädigt. Durch Ausschalten oder wenn nötig Behandeln von Risikofaktoren kann die Arteriosklerose gebremst und ein Infarkt möglicherweise verhindert werden.

Folgen der koronaren Herzkrankheit

Mit Hilfe einer Herzkatheteruntersuchung mit Röntgenkontrastmittel (Koronarangiografie) wird eine starke arteriosklerotische Verengung (Stenose) sichtbar. Der stromabwärts hinter der Verengung liegende Teil des Herzmuskels erhält unter Belastung zu wenig Blut, was zu Herzschmerzen (Angina pectoris) oder gar zu einem Herzinfarkt führen kann.

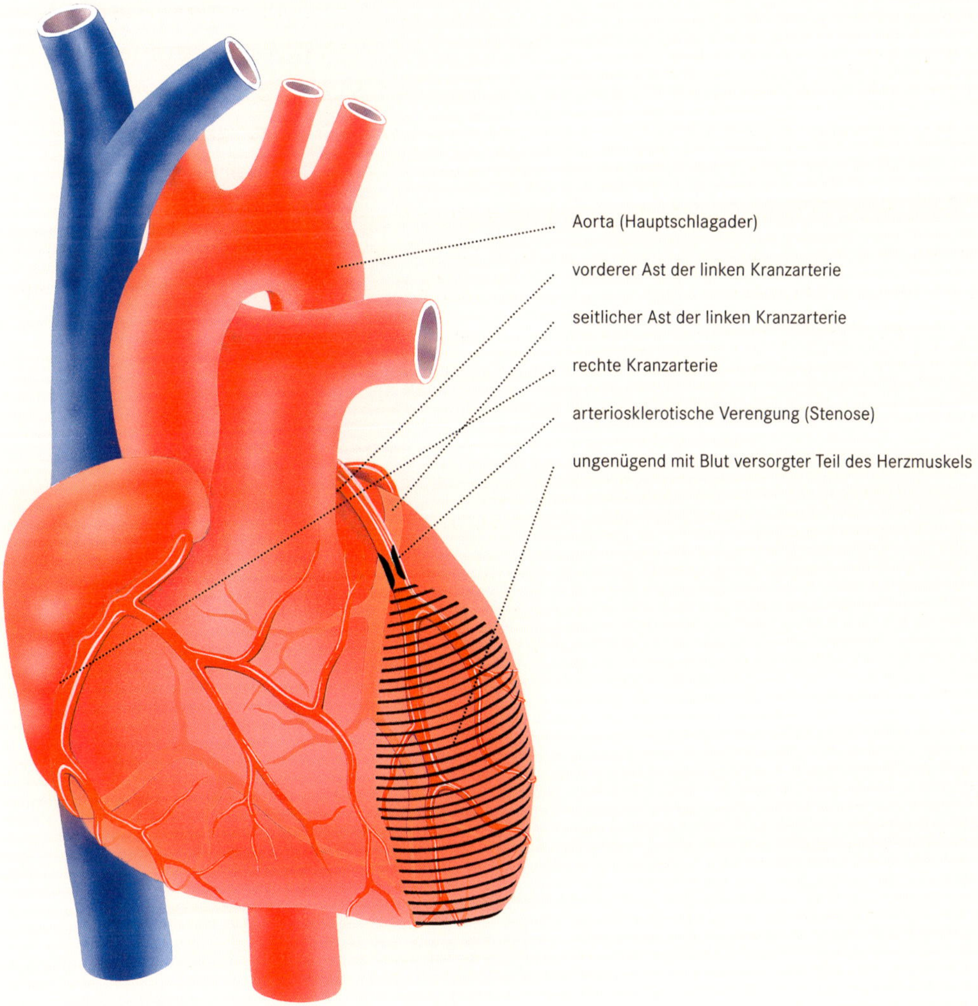

Ernährung und Arteriosklerose

In gewissen nordischen Ländern erkranken mehr Menschen an Herzinfarkt als in Italien, Portugal oder in der Schweiz. In der Sieben-Länder-Studie (Seven Countries Study, begonnen in den späten Fünfzigerjahren des letzten Jahrhunderts) wurden in Griechenland, Italien, dem früheren Jugoslawien, den Niederlanden, Finnland, den USA und Japan die Essgewohnheiten und der Gesundheitszustand der Bevölkerung untersucht. Die Auswertung bestätigte die Vermutung, die schon lang bestand, dass die Unterschiede bezüglich der Häufigkeit von Herz-Kreislauf-Erkrankungen mit den Ernährungsgewohnheiten zusammenhängen und somit die Ernährung die Gesundheit der Blutgefässe und des Herzens direkt und sehr wesentlich beeinflusst. Die Studie bildete schliesslich die Grundlage für das Konzept der mediterranen Ernährung, das auf Seite 29 ff. vorgestellt wird. Seitdem haben weitere Studien diese Erkenntnis gestärkt.

Entstehung der Arteriosklerose

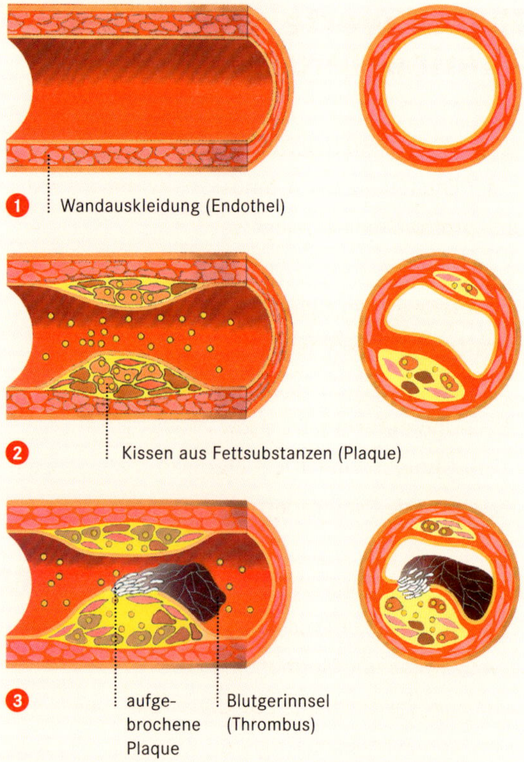

1. Die normale Arterie wird von einem einschichtigen Zellteppich (Endothel) ausgekleidet.
2. Fettsubstanzen (oxidiertes Cholesterin) werden unter dem Endothel eingelagert und bilden ein Kissen (Plaque), das die Arterie verengt.
3. Bricht die Plaque auf, wird die Blutgerinnung aktiviert. An der Bruchstelle bildet sich rasch ein Blutgerinnsel (Thrombus), das die Arterie verschliessen kann.

Blutfettwerte und Arteriosklerose

Dass erhöhte Blutfettwerte einen Zusammenhang mit der Entstehung der Arteriosklerose haben, konnte durch grosse Studien belegt werden.

Die Blutfette setzen sich hauptsächlich aus folgenden Komponenten zusammen:

- **LDL-Cholesterin** (LDL = low density lipoprotein)
- **HDL-Cholesterin** (HDL = high density lipoprotein)
- **Triglyzeride** (Neutralfette)

Blutfette sind für uns wichtig. Der Körper braucht sie zum Beispiel zur Produktion von Zellwänden, Nervengewebe und Hormonen. Bei zu hohen Werten haben aber vor allem das LDL-Cholesterin und in geringerem Mass die Triglyzeride eine ungünstige Wirkung auf unsere Blutgefässe. Im Gegensatz zum LDL-Cholesterin hat das HDL-Cholesterin eine schützende Wirkung hinsichtlich der Arteriosklerose. Es kann überschüssiges Cholesterin abführen, darunter auch solches, das sich bereits in den Blutgefässen eingenistet hat. Unser Ziel sollte sein, das LDL-Cholesterin tief zu halten und das HDL-Cholesterin anzuheben. Verschiedene Massnahmen können helfen, dieses Ziel zu erreichen.

Wie kann ich mein Cholesterin positiv beeinflussen?

- Körperliche Aktivität: Frauen und Männer im erwerbsfähigen Alter und robuste ältere Erwachsene sollten mindestens 2½ Stunden Bewegung pro Woche in Form von Alltagsaktivitäten oder Sport mit mindestens mittlerer Intensität bzw. 1¼ Stunden Sport oder Bewegung mit hoher Intensität durchführen. Eine mittlere Intensität haben körperliche Aktivitäten, bei denen man zumindest etwas ausser Atem, aber nicht unbedingt ins Schwitzen kommt. Wer aufgrund von Einschränkungen nicht in der Lage ist, diese Empfehlungen zu erreichen, soll sich so viel wie möglich bewegen. Auch wenig Bewegung hat bereits einen positiven Effekt auf die Gesundheit.
- Das durch die Nahrung aufgenommene Cholesterin hat keinen relevanten Einfluss auf die Cholesterinwerte im Blut.

Welcher Cholesterinwert ist der richtige für mich? Wann soll ich das Blutcholesterin bestimmen lassen? Fragen, die sich viele Menschen stellen. Die medizinischen Experten haben in den letzten Jahren Richtlinien erarbeitet und dabei die behandlungsbedürftigen Blutcholesterinwerte festgelegt. Diese sind abhängig vom Herz-Kreislauf-Erkrankungsrisiko.

Leidet zum Beispiel ein Patient bereits an Arteriosklerose und hat einen Herzinfarkt erlitten, dann hat er ein erhöhtes Risiko, einen weiteren zu erleiden. Um das Risiko zu senken, wird ihm der Arzt zu einer konsequenten Behandlung der Blutfettwerte raten. Diese beinhaltet in erster Linie einen gesunden Lebensstil, aber auch die Einnahme von Medikamenten.

Bei Menschen ohne Anzeichen von Arteriosklerose und ohne weitere Risikofaktoren sind auch höhere Cholesterinwerte zulässig. Eine mediterrane Ernährungsweise, ein normales Gewicht und das Beibehalten der körperlichen Aktivitäten genügen, um die Gefahr von Herz-Kreislauf-Erkrankungen zu senken.

Ohne familiäre Veranlagung für eine Herz-Kreislauf-Krankheit ist es ratsam, spätestens ab dem Alter von 40 Jahren die Blutfette bestimmen zu lassen. Sind die Cholesterinwerte normal und ernährt sich die Person gesund und bewegt sich regelmässig, empfiehlt es sich, nach jeweils fünf weiteren Jahren das Blutcholesterin wieder bestimmen zu lassen. Menschen mit einer familiären Belastung sollten ihre Blutfette früher bestimmen lassen.

Ideale Werte bei niedrigem Risiko

LDL-Cholesterin	unter 3,0 mmol/l
Triglyzeride	unter 1,7 mmol/l

Bei Menschen, die ein höheres Risiko haben, zum Beispiel weil sie an einer Herzkrankheit leiden, wird der Arzt in der Regel auch tiefere LDL-Cholesterinwerte anstreben.

Öle und Fette in der Nahrung

Öle und Fette setzen sich aus Glycerin und Fettsäuren zusammen. Der Aufbau der Fettsäuren bestimmt die Art des Fettes. Die verschiedenen Fette in der Nahrung beeinflussen die Blutfette respektive die Arteriosklerose in unterschiedlicher Weise. In der Regel gilt:

Das Fett in weissem Fleisch (Geflügel) ist nach heutiger Auffassung gesünder als dasjenige in rotem Fleisch (Rind, Schwein, Lamm usw.). Es gibt Hinweise, dass vor allem verarbeitetes (gepökeltes) Fleisch, d. h. Speck, Wurstwaren usw., die Herz-Kreislauf-Erkrankungen fördert.

Fette mit einfach ungesättigten und bestimmte Fette mit mehrfach ungesättigten Fettsäuren haben einen günstigen Einfluss auf die Blutgefässe.

Einfach ungesättigte Fettsäuren kommen reichlich in Oliven- und Rapsöl, aber auch in Mandeln, Haselnüssen, Avocados und anderem mehr vor.

Zu den mehrfach ungesättigten Fettsäuren mit einer schützenden Wirkung vor Herz-Kreislauf-Krankheiten gehört die Alpha-Linolensäure. Es handelt sich dabei um eine kurzkettige Omega-3-Fettsäure, eine Vorstufe des Fischöls. Sie ist reichlich im Rapsöl sowie in anderen pflanzlichen Produkten wie zum Beispiel Baumnüssen oder Portulak enthalten.

Auch den Omega-3-Fettsäuren DHA (Docosahexaensäure) und EPA (Eicosapentaensäure), wie sie besonders in Fischen kalter Gewässer – zum Beispiel Lachs, Hering, Makrele – reichlich vorhanden sind, werden positive Eigenschaften im Sinn einer Risikoreduktion der Herz-Kreislauf-Erkrankungen zugesprochen.

Damit die Omega-3-Fettsäuren ihre positive Wirkung entfalten können, muss der Verzehr von Omega-6-Fettsäuren eingeschränkt werden. Diese sind reichlich in Pflanzenölen, insbesondere in Sonnenblumen- und Distelöl, zu finden, die deshalb heute nicht mehr empfohlen werden können (Ausnahme: High-Oleic-Sonnenblumenöl zum Frittieren).

Zusammenfassend kann gesagt werden, dass einfach ungesättigte Fettsäuren (reichlich vorhanden in Oliven- und Rapsöl) zu bevorzugen sind, da sie eine Schutzwirkung auf unsere Blutgefässe haben und das Fortschreiten der Arteriosklerose wahrscheinlich bremsen.

Die früher einmal empfohlene fettarme Ernährung hat keinen Vorteil in der Prävention von Herz-Kreislauf-Erkrankungen gezeigt; entscheidend ist nach heutigen Erkenntnissen die Qualität der Fette.

Antioxidantien

Die in der Nahrung vorkommenden natürlichen Antioxidantien wie Vitamin E, C, Betakarotin und viele sekundäre Pflanzenstoffe (z. B. polyphenolische Verbindungen wie die Flavonoide) schützen unseren Körper vor reaktiven Sauerstoffverbindungen. Dabei handelt es sich um natürliche chemische Verbindungen, die in hohen Konzentrationen schädlich sind. Sie greifen das Gewebe und die Zellen an und beschleunigen die Alterungsprozesse sowie die Arteriosklerose und führen zu einem vorzeitigen Tod.

Antioxidantien verhindern solche Schädigungen. Es gibt viele Hinweise, dass diese Substanzen die Arteriosklerose wirksam verlangsamen und dass eine ausgewogene, erhöhte Zufuhr durch die Nahrung (nicht durch Vitamintabletten) vor koronarer Herzkrankheit schützen kann. Die grosse Menge von Antioxidantien, die südliche Völker insbesondere durch den Früchte- und Gemüsekonsum zu sich nehmen, ist nach heutigen Erkenntnissen ein entscheidender Grund für deren niedriges Risiko, an Herz-Kreislauf-Erkrankungen zu sterben.

Leider gibt es kein Patentrezept für die Zufuhr der optimalen täglichen Menge an Antioxidantien, und es existiert auch keine «magische» Antioxidantienpille, die einen optimalen Schutz gewährleisten würde. Aufgrund vieler grosser Studien wissen wir heute, dass Antioxidantien in Form von Pillen den erhofften Effekt nicht erzielen – es braucht offenbar die Gesamtheit der gesunden, mediterranen Ernährung, um uns zu schützen. Es gilt deshalb die einfache Empfehlung, sich mediterran zu ernähren und täglich viele Früchte und Gemüse (Richtwert 5 Portionen pro Tag, eine Portion entspricht einer Handgrösse Früchte oder einem Beilagesalat oder Beilagegemüse) sowie andere gesunde Nahrungsmittel zu konsumieren.

Alkohol

Ein gesunder Mensch ohne Lebererkrankung und Suchtneigung kann aus dem Konsum kleiner Alkoholmengen einen leichten gesundheitlichen Nutzen ziehen, sofern die Regeln auf der nächsten Seite befolgt werden. Deswegen alkoholische Getränke als Heilmittel gegen Arteriosklerose anzupreisen oder zu einem regelmässigen Alkoholkonsum zu animieren, wäre aber verfehlt. Die weltweiten Gesundheitsschäden durch Alkohol überwiegen den möglichen Nutzen nach wie vor. Wer bisher keinen Alkohol konsumiert hat, sollte also keinesfalls aufgrund eines möglichen Schutzeffekts auf das Herz-Kreislauf-System mit Trinken beginnen.

Ein höherer Alkoholkonsum bei Frauen führt zu einem sprunghaften Anstieg des Brustkrebsrisikos. Bei beiden Geschlechtern erhöht Alkoholkonsum über das empfohlene Mass hinaus das Erkrankungsrisiko für verschiedene Krebsarten des Magen-Darm- und Rachenbereichs (insbesondere Speiseröhrenkrebs), für Leberzirrhose, Bauchspeicheldrüsenentzündung (Pankreatitis), Bluthochdruck, Hirnblutung und für viele Erkrankungen mehr.

Regeln für (wahrscheinlich) sicheres Trinken alkoholischer Getränke für Menschen ohne Suchtneigung und ohne Lebererkrankung

für Frauen maximal 1 dl Wein respektive 3 dl Bier pro Tag

für Männer maximal 2 dl Wein respektive 6 dl Bier pro Tag

Wein (oder Bier) **mit den Mahlzeiten** konsumieren

keine Trinkexzesse

kein Alkohol in der **Schwangerschaft**

Wer fährt, trinkt nicht!

mindestens 2 bis 3 **alkoholfreie Tage** pro Woche

Mediterrane Ernährungsweise

Als Paradebeispiel einer gesunden Ernährung für das Herz-Kreislauf-System – auch zur Vorbeugung vieler Krebsarten – wird heute die mediterrane Ernährung (Mittelmeerernährung) empfohlen.

Charakteristika der typischen traditionellen mediterranen Ernährungsweise

- reichlich einfach ungesättigte Fettsäuren
- relativ viele Omega-3-Fettsäuren
- reichlich Früchte, Gemüse und Salat, Kräuter und Gewürze
- reichlich Getreideprodukte (Brot, Teigwaren, Reis u. a. m.)
- wenig Fleisch

Wie können diese Vorgaben in der Praxis umgesetzt werden?

Reichlich einfach ungesättigte Fettsäuren: Oliven- und Rapsöl

Pflanzliche Öle sind tierischen Fetten vorzuziehen. Der hohe Anteil an Olivenöl ist ein besonderes Merkmal der mediterranen Ernährungsweise. Die im Olivenöl reichlich vorhandene Ölsäure gehört zu den einfach ungesättigten Fettsäuren. Warum Olivenöl eine Schutzwirkung auf die Gefässe ausübt, hat sich noch nicht in allen Einzelheiten klären lassen. Olivenöl enthält reichlich Antioxidantien (z. B. Vitamin E), welche günstige Auswirkungen auf die Gefässgesundheit haben. In unseren Breitengraden ist besonders das Rapsöl zu erwähnen und zu bevorzugen, das reich an einfach ungesättigten Fettsäuren (vergleichbar mit dem Olivenöl) ist und zusätzlich Alpha-Linolensäure enthält.

Relativ viele Omega-3-Fettsäuren

Pflanzliche (z. B. Alpha-Linolensäure im Rapsöl oder in Baum-/Walnüssen) und tierische (z. B. Fischöl) Omega-3-Fettsäuren verhindern oder bremsen arteriosklerotische Ablagerungen. In der Herzstudie von Lyon (siehe Seite 32) konnte mit einer an Alpha-Linolensäure reichen mediterranen Ernährung ein zweiter Herzinfarkt bei mehr als der Hälfte der Patienten mit einem bereits überstandenen Infarkt verhindert werden.

Reichlich Früchte, Gemüse und Salate

Früchte und Gemüse sowie Salate sind reich an sekundären Pflanzeninhaltsstoffen wie antioxidativen Vitaminen (Vitamin C, Betakarotin) und phenolischen Verbindungen, wie den Flavonoiden (z. B. Kohlsorten, Äpfel usw.), welche die Arteriosklerose bremsen können. Empfohlen wird, mindestens fünf Portionen Früchte und/oder Gemüse täglich zu essen, davon vorzugsweise zwei Portionen in roher Form (z. B. einen Apfel sowie eine Portion grüner Salat). Die aromatischen südlichen Kräuter und Gewürze sind ebenfalls reich an phenolischen Antioxidantien und dürfen deshalb auf dem Speisezettel nicht fehlen.

Reichlich Getreideprodukte

Komplexe Kohlenhydrate (z. B. Stärke) in Brot und Teigwaren sind sehr geeignete Energielieferanten und sollten mehr berücksichtigt werden. Menschen mit Diabetes (Zuckerkrankheit) sollten sich bei der Zufuhr von Kohlenhydraten an die Empfehlungen des behandelnden Arztes und der Diabetes-/Ernährungsberaterin halten. Allerdings darf man heute sagen, dass eine strikte mediterrane Ernährung für diabeteskranke Menschen eine ideale Grundernährung ist.

Und ein Glas Wein?

Die Vorteile eines geringen Alkoholkonsums und die gesundheitsgefährdenden, tödlichen Auswirkungen eines übermässigen Konsums wurden bereits erläutert. Unter Beachtung der Trinkregeln ist ein Glas Rotwein am Tag aufgrund der positiven Wirkung auf die Gefässe der Gesundheit eher zuträglich.

Mediterrane Ernährung streng wissenschaftlich (Lyon-Herzstudie)

Die Zusammenhänge zwischen Herz-Kreislauf-Erkrankungen und Ernährungsweise wurden in mehreren Studien untersucht. Durch Vergleiche des Essverhaltens verschiedener Bevölkerungsteile beziehungsweise Völker mit der Häufigkeit gewisser Krankheiten wurden Rückschlüsse auf die Ursachen der Herz-Kreislauf-Erkrankungen gewonnen. Obgleich diese Zusammenhänge über die Jahrzehnte recht logisch schienen, fehlte letztlich der Beweis, dass die mediterrane Ernährung vor Herzinfarkt schützt.

In den 1990er Jahren haben französische Wissenschaftler (Michel de Lorgeril und Serge Renaud, Lyon) erstmals die Ernährungsumstellung bei Patientinnen und Patienten studiert, die einen Herzinfarkt erlitten hatten. Man untersuchte und beobachtete 600 Betroffene, die nach einem Herzinfarkt medizinisch korrekt versorgt wurden und die üblichen Medikamente erhielten.
Die Hälfte wurde auf eine mediterrane Ernährung umgestellt, ernährungsberaterisch geschult und über Jahre hinweg regelmässig kontrolliert. Sie erhielten folgende Anweisungen zur täglichen Ernährung:

- mehr Brot
- mehr Wurzelgemüse
- mehr grünes Gemüse
- mehr Fisch
- weniger Fleisch (Rind-, Lamm- und Schweinefleisch durch Geflügelfleisch ersetzen)
- kein Tag ohne eine Frucht
- Ersatz von Butter und Rahm durch eine spezielle Margarine auf Basis von Rapsöl
- moderater Weinkonsum zu den Mahlzeiten

Schon im ersten Studienzwischenbericht nach 27 Monaten zeigte sich eine deutliche Reduktion tödlicher und nicht tödlicher Herzinfarkte und eine verminderte Gesamtsterblichkeit der mediterran ernährten Menschen im Vergleich zur Gruppe mit den damals üblichen Ernährungsanweisungen. Diese günstigen Resultate konnten bei Abschluss der Studie nach vier Jahren bestätigt werden.

Mit der Lyon-Studie konnte die Überlegenheit der mediterranen Ernährung für Menschen mit Arteriosklerose und Herzinfarkt eindeutig belegt werden. Diese gesunde Ernährung bietet Herzpatientinnen und -patienten und allen, die zu Herz und Gefässen Sorge tragen wollen, die Möglichkeit, einer Arteriosklerose und ihren tödlichen Folgen vorzubeugen oder diese zumindest hinauszuzögern.

Resultate nach Abschluss der Lyon-Herzstudie

	ohne mediterrane Ernährung	**mit** mediterraner Ernährung
verstorben an Herzkrankheit	19	6
nicht tödlicher Herzinfarkt	25	8
	44	14

Diese Resultate wurden seither mehrfach mit anderen Studien bestätigt.

Besonders erwähnenswert ist an dieser Stelle eine 2016 erschienene gross angelegte spanische Studie von Ramon Eustruch und Mitautoren, welche im renommierten *New England Journal of Medicine* publiziert wurde. Über 7000 Menschen mit hohem Risiko für eine Herz-Kreislauf-Erkrankung wurden in drei Gruppen eingeteilt mit folgenden Ernährungsempfehlungen:

1. Eine mediterrane Ernährung plus ein Liter Olivenöl wöchentlich.
2. Eine mediterrane Ernährung plus 30 g ungesalzene Nüsse täglich (15 g Baum-/Walnüsse, 7½ g Haselnüsse und 7½ g Mandeln).
3. Eine übliche Ernährung mit dem Ziel, den Fettkonsum zu reduzieren.

Nach rund fünf Jahren zeigte sich eine signifikante Reduktion von Herz-Kreislauf-Ereignissen von rund 30 % in beiden Gruppen mit mediterraner Ernährung, wobei sich die Häufigkeit von Schlaganfällen am markantesten gesenkt hatte.

Ernährungskunde

Früchte und Gemüse

Das Angebot an Früchten und Gemüse ist beachtlich. Ein Früchte- und Gemüsemarkt, ob Wochenmarkt unter freiem Himmel, beim Grossverteiler oder beim Gemüsebauern, macht Lust auf knackiges Gemüse und saftige Früchte. Sie haben nicht nur bezüglich Geschmack, sondern auch was die Inhaltsstoffe anbelangt viel zu bieten. Je abwechslungsreicher und saisonaler wir unsere Ernährung gestalten, desto besser wird auch unsere Versorgung mit den lebensnotwendigen Nährstoffen sein.

Vitamine

Die Vitamine sind lebenswichtige Bestandteile unserer Ernährung. Sie sind bei fast allen Stoffwechselprozessen beteiligt. Eine Unterversorgung kann zu den klassischen Mangelerkrankungen führen. Müdigkeit, Konzentrationsstörungen, Kopfschmerzen, Magen-Darm-Beschwerden und Hautveränderungen können Anzeichen einer Unterversorgung sein. Insbesondere die Vitamine E, C und Betakarotin, welche in beachtlichen Mengen in Früchten und Gemüse enthalten sind, beugen Herz-Kreislauf-Krankheiten vor. Mit ihrer antioxidativen Wirkung sind sie in der Lage, die im Organismus vorhandenen freien Sauerstoffradikale abzufangen und damit unschädlich zu machen.

Folsäure

Folsäure spielt als Coenzym bei verschiedenen Stoffwechselvorgängen eine wichtige Rolle. Folsäure in grösserer Menge ist vor allem in grünem Gemüse wie etwa Feder-/Grünkohl, Rosenkohl, Erbsen, Brokkoli und Kopfsalat, aber auch in gewissen mit Folsäure angereicherten Lebensmitteln enthalten. Bei den Früchten sind Erdbeeren, Kirschen und Orangen zu erwähnen. Reich an Folsäure sind zum Beispiel auch Dinkel, Weizen und Roggen sowie Nüsse, Hülsenfrüchte, Eigelb und Leber. Die präventive Wirkung von Folsäure bei Herz-Kreislauf-Erkrankungen ist umstritten. Hingegen ist Folsäure von grosser Wichtigkeit zur Verhinderung von Neuralrohrdefekten beim Ungeborenen, wie der Spina bifida (offener Rücken).

Nahrungsfasern

Die Nahrungsfasern wurden früher Ballaststoffe genannt. Ihre Bedeutung für unsere Gesundheit ist bis heute nicht abschliessend geklärt. Sie kommen in pflanzlichen Nahrungsmitteln, d. h. im Gemüse, in Früchten und im Getreide, vor. Sie dienen der Pflanze unter anderem als Gerüstsubstanz sowie als Füll- und Schutzmaterial.

Nahrungsfasern können viel Wasser binden, was eine ganze Reihe von Vorteilen hat. Durch das grössere Volumen verweilen die Speisen länger im Magen, was zu einer längeren Sättigung führt. Zudem können Nahrungsfasern einen geregelten Stuhlgang unterstützen.

Sekundäre Pflanzenstoffe

Sekundäre Pflanzenstoffe sind Substanzen mit unterschiedlichen Stoffwechselwirkungen. Die Forschung hat gezeigt, dass es in den pflanzlichen Nahrungsmitteln viele Stoffe gibt, deren spezifische Wirkung wir noch nicht kennen oder von welchen wir noch nicht wissen, in welcher Dosierung sie zu empfehlen sind. Sicher ist, dass die sekundären Pflanzenstoffe in der Konzentration, wie sie in Pflanzen und im Gemüse vorkommen, eine gesundheitsfördernde Wirkung haben. Sekundäre Pflanzenstoffe machen die Vielfalt der Farben, Geruchs- und Geschmacksstoffe von Früchten und Gemüse aus und schützen vor Befall von Schädlingen und Verderb. Die Pflanzenstoffe wirken antioxidativ und dadurch zum Beispiel krebs- und entzündungshemmend und bremsen, wie bereits mehrfach erwähnt, die Entwicklung der Arteriosklerose. Die Empfehlung lautet deshalb, mindestens fünf Portionen Früchte und Gemüse täglich zu konsumieren. Dabei ist es ratsam, zwei Portionen in roher Form einzunehmen.

Kohlenhydrate

Getreide, Mais, Reis

Weizen, Dinkel, Reis, Gerste, Hafer, Hirse, Roggen, Mais, Buchweizen und daraus hergestellte Produkte (Flocken, Schrot, Mehl, Brot usw.) nehmen in einer gesunden Ernährung eine zentrale Rolle ein. Das volle Korn enthält viele Faserstoffe (Ballaststoffe), natürliches hochwertiges Eiweiss, natürlichen Zucker, ungesättigte Fettsäuren, Mineralstoffe und Vitamine (vor allem die Vitamine des B-Komplexes).

Getreide und daraus hergestellte Produkte sind Energielieferanten erster Güte. Sie zählen zu den schnellen Energielieferanten. Nicht benötigte Kohlenhydrate werden als rasch verfügbare Energiereserven in Form von Glykogen in der Leber und in den Muskeln bereitgestellt.
Dank ihrer Quellfähigkeit tragen die im Korn enthaltenen Nahrungsfasern zur Sättigung bei, sie regen die Darmtätigkeit an und können Schadstoffe binden. Produkte aus Getreide, Reis und Mais spielen auch bei einer bedarfsgerechten Eiweissversorgung eine zentrale Rolle.

Kartoffel

Die Knolle ist reich an Vitamin C und Kalium. Der Eiweissgehalt ist zwar gering, aber von hoher Qualität. Obwohl die Kartoffel zu den Gemüsen zählt, enthält sie viele Kohlenhydrate und gilt deshalb wie das Getreide als vollwertige Mahlzeitbeilage.

Hülsenfrüchte

Zu den Hülsenfrüchten zählen Linsen, Kichererbsen und Bohnenkerne (weisse Bohnen, rote Bohnen, schwarze Bohnen, Sojabohnen usw.). Sie sind reich an pflanzlichem Eiweiss und gelten bei fleisch- oder fischlosen Gerichten als vollwertige Eiweisslieferanten.

Fette und Öle

Nach neueren ernährungswissenschaftlichen Erkenntnissen ist die Fettqualität von weit grösserer Bedeutung als die Fettmenge. In der traditionellen mediterranen Ernährung ist der Fettkonsum ziemlich hoch. Es handelt sich dabei aber vorwiegend um gesundes Olivenöl, welches reich an einfach ungesättigten Fettsäuren ist. Weitere ideale Fettquellen sind die im Fisch enthaltenen Omega-3-Fettsäuren und die in gewissen Pflanzen vorkommende Alpha-Linolensäure. Öle mit vorwiegend mehrfach ungesättigten Fettsäuren in Form der Linolsäure (Sonnenblumenöl, Distelöl usw.) sind ungünstige Fettquellen und können heute in grösseren Mengen nicht mehr empfohlen werden. Olivenöl und insbesondere auch Rapsöl (reich an Alpha-Linolensäure) sind zu bevorzugen.

Die richtigen Fette und Öle

Brotaufstrich

Ein massvoller Konsum von Butter als Brotaufstrich ist sicher nicht schädlich, von der Butterküche in der Zubereitung von warmen Mahlzeiten sollte aber Abstand genommen werden. Falls eine Margarine bevorzugt wird, sind diejenigen mit einem hohen Anteil an Rapsöl empfehlenswert. Für Liebhaber von Mayonnaise: Anstatt kommerzielle Produkte zu verwenden, Mayonnaise selber mit Rapsöl zubereiten!

Salate

Oliven- und Rapsöl sind für die Zubereitung von Salat zu bevorzugen.

Zum Braten und zum Backen

Olivenöl ist relativ hoch erhitzbar und deshalb auch für die warme Küche bis 180 °C bestens geeignet. Die Alpha-Linolensäure im Rapsöl wird durch hohe Hitze zerstört und kann deshalb ausschliesslich für die kalte Küche empfohlen werden. Neuere, entsprechend gezüchtete (nicht gentechnisch!) Öle, die so genannten «High-oleic»-Öle, sind zum stark Erhitzen und Frittieren von ihrer Fettqualität her am besten geeignet. Dabei muss auf die exakte Deklaration des Produkts als so genanntes «HOLL» oder «high oleic» Öl unbedingt geachtet werden. In der Schweiz gibt es Rapsöl und Sonnenblumenöl in dieser Form. Beide sind aus gesundheitlicher Sicht für das starke Erhitzen respektive das Frittieren von Speisen empfehlenswert. Für alle Öle gilt: beim Erhitzen nie den Rauchpunkt erreichen.

Zucker

Sowohl komplexe Kohlenhydrate wie z. B. in Getreide als auch raffinierter Zucker (Sacharose) werden im menschlichen Organismus über Traubenzucker zu Kohlensäure und Wasser abgebaut. Beim Abbau werden Energien frei, von denen der Mensch lebt. Auf raffinierten Zucker sollte wenn möglich verzichtet werden. Das gilt insbesondere für Süssgetränke, aber auch Fruchtsäfte sollten nur massvoll konsumiert werden. Bei grossem Konsum von Süssgetränken oder Fruchtsäften kann die Konzentration der Triglyzeride im Blut ansteigen, was heute als zusätzlicher Risikofaktor für Herz-Kreislauf-Erkrankungen bewertet wird. Viele Nahrungsmittel enthalten zudem nebst einem grossen Zuckeranteil auch viele versteckte Fette von geringer Qualität.

Kochsalz

Kochsalz (Natriumchlorid) ist ein lebenswichtiger Bestandteil der Ernährung. In der Regel wird aber davon zu viel konsumiert (mehr als 5 g täglich ist nicht wünschenswert). Eine hohe Kochsalzzufuhr kann besonders bei Patienten mit Bluthochdruck zu einem weiteren Anstieg des Blutdrucks führen. Patienten mit einer Herz- oder Nierenschwäche oder einer Leberzirrhose sollten den Salzkonsum möglichst einschränken, weil er Wassereinlagerungen im Körper (Ödeme) fördert. Industriell gefertigte Nahrungsmittel wie Pizza und andere Fertiggerichte enthalten meist viel Salz. Auch auf das Nachsalzen von Speisen am Tisch sollte verzichtet werden. Sogenannte Kräutersalze sind meistens auch salzreich. Als Alternative: Speisen mit frischen und getrockneten Kräutern und mit Gewürzen abschmecken.

Käse, Joghurt und weitere Milchprodukte

In den mediterranen Ländern wird eher wenig Milch konsumiert. Trotzdem ist der Einbezug von Milchprodukten wichtig, um den täglichen Kalziumbedarf von 1000 bis 1500 mg zu decken. Kalzium ist essentiell für die Knochengesundheit zur Vorbeugung von Osteoporose (Knochenbrüchigkeit). Wir empfehlen deshalb, täglich drei Portionen Milchprodukte zu sich zu nehmen. Dabei entspricht eine Portion z. B. 2 dl Milch oder 180 g Joghurt oder 30 g Hartkäse beziehungsweise 60 g Weichkäse oder 200 g Speisequark oder 200 g Hüttenkäse. Ausserdem enthalten Milchprodukte hochwertiges Nahrungseiweiss und gelten als vollwertige Eiweissbeilage bei zum Beispiel fleischlosen Gerichten.

Fisch

Pro Woche können ein bis zwei Portionen Fisch von je 100 bis 150 g (nicht frittiert, ohne Mayonnaise, ausser mit Rapsöl selbst hergestellt) empfohlen werden. Insbesondere Fische aus kalten Gewässern, wie Lachs, Hering, aber auch Forelle, enthalten wertvolle Fette (Omega-3-Fettsäuren). Aus ökologischer Sicht ist verbreiteter Fischkonsum allerdings problematisch. Die Fischbestände sind bereits heute bedroht! Es lohnt sich, einheimische Seefische zu bevorzugen, Bio-Produkte beim Zuchtfisch zu wählen und beim Fisch aus Wildfang die vom MSC (Marine Stewardship Council) empfohlenen Produkte zu kaufen.

Fleisch & Co.

Üblicherweise gibt es in der ursprünglichen mediterranen Küche wenig Fleisch. Wurstwaren sind praktisch tabu. Mindestens drei fleischlose Tage pro Woche machen Sinn – auch aus ökologischer Sicht. Helles Geflügelfleisch sollte bevorzugt werden, da rotes Fleisch und insbesondere gepökelte Fleischsorten, wie Wurst, Speck, Schinken, Salami usw., in grösseren Mengen ungünstige Auswirkungen auf die Gesundheit haben können. Bei einer fleischlosen Ernährung muss das im Fleisch enthaltene Protein ersetzt werden. Dies ist mit den erwähnten Alternativen problemlos möglich.

Und Eier?

Eier waren jahrelang als «Cholesterinbombe» verschrien. Heute weiss man, dass das mit der Nahrung aufgenommene Cholesterin die Herz-Kreislauf-Gesundheit kaum beeinflusst. Eier sind eine hochwertige Eiweissquelle. Sie enthalten zudem eine Reihe an Vitaminen und Mineralstoffen und sind deshalb ein wertvoller Bestandteil unserer Ernährung.

Flüssigkeit

Unser Körper besteht zu etwa 60 Prozent aus Flüssigkeit. Unter anderem ist das Wasser Transportmittel für die wasserlöslichen Nährstoffe zu den Zellen und für die Endprodukte zu den Ausscheidungsorganen. Täglich scheiden wir rund 2 ½ Liter Wasser über den Urin und den Stuhl sowie durch das Schwitzen und das Abatmen und über die Haut aus. Um diese Menge wieder zu ersetzen, benötigen wir Flüssigkeit aus Getränken und der Nahrung. Ungezuckerte Getränke sollten bevorzugt werden.

Empfehlung

Trinken Sie täglich mindestens 1½ bis 2 Liter mehrheitlich zuckerfreie Flüssigkeit. Ideal sind Leitungs- oder Mineralwasser mit oder ohne Kohlensäure, Kräuter- und Früchtetees sowie verdünnte Fruchtsäfte. Liebhaber von Kaffee können diesen täglich geniessen. Kaffeekonsum wurde während vielen Jahren als Risiko gesehen, was aus heutiger Ansicht nicht richtig ist. Lediglich ein sehr hoher Konsum (über 7 bis 10 Tassen) könnte allenfalls eine ungünstige Wirkung auf das Herz-Kreislauf-System haben, aber auch das ist umstritten. Light-Getränke oder Süssgetränke sollte man mit Zurückhaltung konsumieren. Beide hatten in Studien einen negativen Effekt auf die Gesundheit. Bezüglich Wein siehe Ausführungen Seiten 27 ff. Alkoholfreies Bier oder alkoholfreier Most ist ein gutes Getränk, um Flüssigkeits- und Mineralstoffverluste, z. B. nach körperlicher Anstrengung, zu kompensieren.

Sollten Sie an Herzinsuffizienz (Herzschwäche), Leberzirrhose (Leberverhärtung meist infolge von übermässigem Alkoholkonsum) oder schwerer Niereninsuffizienz leiden, sollten Sie die erlaubte Menge der täglichen Flüssigkeitszufuhr mit Ihrem Arzt besprechen.

Tipps

- Starten Sie mit 1 bis 2 Gläsern Wasser in den Tag. Das bringt den Kreislauf und die Verdauung in Schwung.
- Versuchen Sie, regelmässig über den Tag verteilt zu trinken. Bei anstrengender körperlicher Arbeit oder Sport sollten Sie ausreichend trinken, damit der Flüssigkeitsverlust kompensiert werden kann.

Weitere Tipps für die tägliche Ernährung

Getreideprodukte

- Essen Sie zum Frühstück Brot oder Getreideflocken (bevorzugt ungezuckerte) als Müesli. Wenn Sie darauf verzichten, sollte die Zwischenverpflegung am Vormittag grosszügiger ausfallen.
- Wenn die Zeit zum Kochen knapp ist, kann ein grosser bunter Salat zusammen mit Brot und einer Proteinquelle wie Käse oder Bohnen eine vollwertige Mahlzeit sein.
- Greifen Sie auch bei «kleinem» Hunger nicht zu Süssigkeiten, sondern bevorzugen Sie eine Frucht oder eine Handvoll Nüsse.

Früchte und Gemüse

- Kaufen Sie Früchte und Gemüse möglichst saisongerecht ein. Bevorzugen Sie das regionale Angebot. Lange Transportwege führen zu Vitaminverlust und sind ökologisch nicht sinnvoll.
- Kaufen Sie nicht zu grosse Vorräte ein.
- Wählen Sie möglichst naturbelassene Produkte.
- Lagern Sie Früchte und Gemüse kühl.
- Schälen Sie Gemüse und Früchte sparsam. In vielen Fällen ist das Schälen überflüssig. Früchte und Gemüse respektive Salat nie im Wasser liegen lassen, weil dadurch die wasserlöslichen Vitamine und Mineralstoffe ausgeschwemmt werden.
- Als kleine Zwischenmahlzeit (Znüni, Zvieri) oder als Dessert Früchte bevorzugen.
- Essen Sie zu jeder Hauptmahlzeit mindestens eine Portion Gemüse und/oder eine Portion Blatt- oder gemischten Salat.
- Die täglich empfohlene Menge sind 5 Portionen. Eine Portion entspricht einer Handgrösse Früchte oder einem Beilagesalat oder Beilagegemüse.
- Eine gesunde Alternative zum Apéro-Gebäck sind Gemüsestäbchen mit einem Quark-Kräuter-Dip.
- Kochen Sie mit reichlich Zwiebeln, Knoblauch und Kräutern.

In Ruhe essen

Nur wer in Ruhe isst, wird das Essen geniessen können! Aber nicht nur das – wer sich Zeit zum Essen nimmt, isst automatisch kontrollierter (kein Überessen) und kann dadurch Übergewicht vorbeugen. Und was wichtig ist: Wer in Ruhe isst und die Speisen gut kaut, wird die Mahlzeit auch besser vertragen.

Zubereitungsarten

Es reicht nicht, wenn die Qualität der Lebensmittel stimmt. Sie müssen auch richtig zubereitet werden. Deftige Gerichte haben für unsere heutige mehrheitlich sitzende Bevölkerung ihre Berechtigung verloren. Es gibt eine ganze Reihe von herzfreundlichen Zubereitungsarten. Kochgeschirr aus Teflon oder Titan ermöglichen eine schonende und bei Bedarf fettarme Zubereitung.

Dampfgaren
Für schonendes Garen braucht es einen Siebeinsatz oder -aufsatz (oder «Steamer»), den man in einen entsprechend grossen Topf legt oder auf den Topfrand setzt. Zu beachten: Das eingefüllte Wasser darf mit dem Gargut nicht in Kontakt kommen. Das Gemüse in den Siebeinsatz legen, den Deckel aufsetzen. Auf höchster Stufe erhitzen, danach bei niedriger Stufe garen. Erst am Schluss würzen.

Dünsten
Wenig Öl in die Pfanne geben, Gemüse bei mässiger Hitze unter ständigem Rühren andünsten. Wenig Flüssigkeit dazugeben, Deckel aufsetzen, Pfanneninhalt bei niedriger Hitze garen.

Braten in der Bratpfanne
Nur so viel wie notwendig und möglichst high oleic-Öl in die Bratpfanne geben. Das Öl beispielsweise mit einem Pinsel verteilen.

Frühstück · Getränke

Mandelmilch

für 1 Person

- 3 EL weisses Mandelmus (Bioladen/Reformhaus)
- 1 kleine Banane
- 2 TL Akazienhonig
- 1 Prise Vanille- oder Zimtpulver
- 4 dl/400 ml warmes oder kaltes Wasser
- Zimtpulver, zum Bestreuen

- 2–3 getrocknete Feigen

Sämtliche Zutaten mit dem Stabmixer oder im Mixerglas gut mixen, bis die Mandelmilch homogen ist. Anrichten, mit Zimtpulver bestreuen. Mit getrockneten Feigen servieren.

Varianten

Die Dörrfrüchte über Nacht in Wasser einlegen. Oder die Dörrfrüchte durch eine kleine reife Banane ersetzen.

kcal	**506**
Fett in g	**25,5**
mehrfach ungesättigte Fettsäuren in g	**5,7**
einfach ungesättigte Fettsäuren in g	**16,1**
gesättigte Fettsäuren in g	**2,3**
Kohlenhydrate in g	**53,7**
Eiweiss (g)	**14,3**
Nahrungsfasern in g	**8,8**
Natrium (mg)	**11,7**

Sauermilch-Haferflocken-Müesli

für 1 Person

- 1½ dl/150 ml Sauermilch
- 1 TL Akazienblütenhonig
- 2 EL Haferflocken
- 1 TL gehackte Mandeln
- 150–200 g Obst, je nach Jahreszeit

Sauermilch und Akazienblütenhonig glatt rühren. Haferflocken und Mandeln unterrühren. Obst klein schneiden und zugeben.

kcal	**355**
Fett in g	**10,1**
mehrfach ungesättigte Fettsäuren in g	**1,8**
einfach ungesättigte Fettsäuren in g	**3,7**
gesättigte Fettsäuren in g	**4,5**
Kohlenhydrate in g	**54,1**
Eiweiss (g)	**10,9**
Nahrungsfasern in g	**7,0**
Natrium (mg)	**70,1**

Joghurt-Hirseflocken-Bananen-Müesli

für 1 Person

- 1 Becher Naturjoghurt
- 1 TL Honig
- 1 EL grob gehackte Baum-/Walnüsse
- 3 EL Hirseflocken
- 1 mittelgrosse Banane
- 100 g Erdbeeren oder andere Beeren

Joghurt und Honig glatt rühren. Baumnüsse und Hirseflocken unterrühren. Banane schälen, in Scheiben schneiden, unterrühren. Klein geschnittene Erdbeeren mit dem Müesli vermengen.

kcal	**509**
Fett in g	**18,6**
mehrfach ungesättigte Fettsäuren in g	**9,1**
einfach ungesättigte Fettsäuren in g	**4,0**
gesättigte Fettsäuren in g	**4,9**
Kohlenhydrate in g	**67,7**
Eiweiss (g)	**15,0**
Nahrungsfasern in g	**6,5**
Natrium (mg)	**75,5**

Quark-Knuspermüesli

für 1 Person

- 1 EL Olivenöl
- 2 EL grobe Haferflocken
- 100 g Rahm-/Sahnequark
- 1 TL flüssiger Honig
- 150 g Saisonfrüchte

1 Haferflocken im Öl knusprig braten, abkühlen lassen.

2 Quark und Honig glatt rühren, Haferflocken unterrühren. Früchte klein schneiden, mit dem Müesli vermengen. Sofort geniessen.

kcal	495
Fett in g	28,6
mehrfach ungesättigte Fettsäuren in g	2,7
einfach ungesättigte Fettsäuren in g	13,6
gesättigte Fettsäuren in g	11,2
Kohlenhydrate in g	46,1
Eiweiss (g)	12,8
Nahrungsfasern in g	5,9
Natrium (mg)	42,3

Fruchtsalat mit Nussquark

Abbildung

für 1 Person

- 200–300 g reife, frische Früchte, z. B. Feige, Orange, Apfel, Birne, Traubenbeeren, Banane
- Granatapfelkerne
- einige Datteln
- nach Belieben Vanille- oder Zimtpulver oder Grand Marnier

Nussquark

- 120 g Magerquark
- 1 Prise Vanille- oder Zimtpulver
- 1 EL gehackte Baum-/Walnüsse
- zum Süssen ein wenig flüssiger Honig oder gehackte Datteln

1 Feige in Spalten schneiden, Orange schälen, Fruchtfilets aus den Trennhäutchen lösen, Apfel und Birne schälen, vierteln und entkernen, die Viertel in Schnitze schneiden. Die Früchte auf einem Teller anrichten, mit Granatapfelkernen und Datteln garnieren. Abschmecken mit Vanille, Zimt oder Grand Marnier.

2 Quark mit Vanille oder Zimt aromatisieren, gehackte Nüsse unterrühren, süssen. Auf den Früchten anrichten.

kcal	353
Fett in g	11,0
mehrfach ungesättigte Fettsäuren in g	8,5
einfach ungesättigte Fettsäuren in g	1,9
gesättigte Fettsäuren in g	1,7
Kohlenhydrate in g	42,1
Eiweiss (g)	19,5
Nahrungsfasern in g	5,7
Natrium (mg)	50,5

Joghurt-Fünf-Korn-Müesli mit Nüssen

Abbildung

für 1 Person

- 2 EL Fünf-Korn-Flocken
- 1 Becher Naturjoghurt
- 1 Prise Vanillepulver
- evtl. 1 TL Honig
- 150 g Obst und Beeren
- 10 Haselnüsse oder Baum-/Walnusshälften, grob gehackt

1 Flocken in ein Glas/in eine Glasschale füllen.
2 Joghurt, Vanillepulver und Honig glatt rühren, auf die Flocken verteilen.
3 Die Früchte klein schneiden und auf den Joghurt verteilen. Die Nüsse darüberstreuen.

kcal	425
Fett in g	20,6
mehrfach ungesättigte Fettsäuren in g	2,6
einfach ungesättigte Fettsäuren in g	12,8
gesättigte Fettsäuren in g	5,0
Kohlenhydrate in g	44,3
Eiweiss (g)	13,9
Nahrungsfasern in g	7,5
Natrium (mg)	74,2

Kefir-Müesli mit Weizenkeimlingen

für 1 Person

- 2 dl/200 ml Kefir
- 1 TL Honig
- 2 EL Weizenkeimlinge
- 1 EL Leinsamen oder -schrot
- 150 g Erdbeeren oder andere Saisonfrüchte

Kefir mit dem Honig glatt rühren. Weizenkeimlinge und Leinsamen unterrühren. Beeren oder Obst klein schneiden und unterrühren.

Tipp

Mit Grüntee servieren.

kcal	357
Fett in g	15,8
mehrfach ungesättigte Fettsäuren in g	5,7
einfach ungesättigte Fettsäuren in g	3,6
gesättigte Fettsäuren in g	5,2
Kohlenhydrate in g	29,6
Eiweiss (g)	19,8
Nahrungsfasern in g	11,7
Natrium (mg)	103,7

Suppen

Karottencreme-suppe mit Ingwer

Abbildung

Mahlzeit für 2 Personen

- 2 EL Olivenöl
- 1 kleine Zwiebel, gewürfelt
- 500 g Karotten oder fruchtiger Kürbis
- 5–6 dl/500–600 ml Gemüsebrühe
- 1 dl/100 ml Kokosnussmilch
- frisch gemahlener Pfeffer
- frische Ingwerwurzel, nach Belieben
- Mandarinenöl, zum Beträufeln, nach Belieben

1 Karotten grob würfeln.

2 Zwiebeln und Karotten im Olivenöl andünsten, mit Gemüsebrühe und Kokosnussmilch ablöschen, aufkochen, bei schwacher Hitze köcheln lassen, bis das Gemüse gar ist, 12 bis 15 Minuten. Karottensuppe fein pürieren.

3 Karottensuppe aufkochen. Ein wenig Ingwerwurzel schälen und auf einer feinen Reibe dazureiben. Mit Pfeffer abschmecken. Anrichten, mit ein paar Tropfen Mandarinenöl beträufeln.

Mandarinenöl

Ergibt einen besonders feinen Geschmack.

kcal	256
Fett in g	18,2
mehrfach ungesättigte Fettsäuren in g	4,5
einfach ungesättigte Fettsäuren in g	10,1
gesättigte Fettsäuren in g	2,7
Kohlenhydrate in g	20,0
Eiweiss (g)	3,0
Nahrungsfasern in g	9,0
Natrium (mg)	477,8

Brokkolisuppe

Mahlzeit für 2 Personen

- 1 EL Olivenöl
- 1 kleine Zwiebel, klein gehackt
- 1 Knoblauchzehe
- 600 g Brokkoli, mit Strunk und Blättern
- 6 dl/600 ml Gemüsebrühe
- frisch gemahlener Pfeffer
- 1 Prise Ingwerpulver oder 1 Msp frisch geriebener Ingwer
- 1 EL trocken geröstete Mandelblättchen oder geröstete Baum/-Walnüsse

1 Brokkoliblumen abschneiden, in Röschen brechen. Strunk schälen und würfeln. Blätter in Streifen schneiden.

2 Zwiebeln, durchgepressten Knoblauch und Brokkoli im Olivenöl andünsten, mit der Gemüsebrühe ablöschen, aufkochen, bei schwacher Hitze etwa 15 Minuten köcheln lassen. Pürieren.

3 Brokkolisuppe aufkochen, mit Pfeffer und Ingwer abschmecken. Mandelblättchen darüberstreuen.

Mahlzeit

Dazu passen ein bunter Blattsalat und Brot.

kcal	207
Fett in g	12,2
mehrfach ungesättigte Fettsäuren in g	4,0
einfach ungesättigte Fettsäuren in g	5,8
gesättigte Fettsäuren in g	1,7
Kohlenhydrate in g	11,7
Eiweiss (g)	12,4
Nahrungsfasern in g	10,5
Natrium (mg)	466,6

Kastaniencremesuppe mit Gemüsewürfelchen

Mahlzeit für 2 bis 3 Personen

- 2 EL Olivenöl
- 1 kleine Zwiebel
- 1 kleine Lauchstange
- 200 g fruchtiger Kürbis oder 1 mittelgrosse Karotte
- 350 g tiefgefrorene Kastanien
- 1 dl/100 ml Rotwein, nach Belieben
- 1 Zweig Thymian oder Rosmarin oder getrockneter Majoran
- 8 dl/800 ml Gemüsebrühe
- 2 EL Rahm/Sahne
- Kräutermeersalz
- frisch gemahlener Pfeffer

Suppeneinlage

- 1 kleine Lauchstange
- 100 g fruchtiges Kürbisfleisch oder 1 mittelgrosse Karotte
- fein geschnittener Schnittlauch

1 Zwiebel klein würfeln. Lauch putzen und in feine Scheiben schneiden. Entkernten Kürbis oder Karotte schälen und würfeln.

2 Zwiebeln, Lauch und Kürbis im Olivenöl andünsten, Kastanien, Rotwein, Kräuterzweig und Gemüsebrühe zufügen, aufkochen, Suppe bei schwacher Hitze 20 Minuten köcheln. Kräuter entfernen. Pürieren.

3 Lauch für die Einlage putzen und in feine Streifen schneiden. Kürbis entkernen, schälen und klein würfeln. Beides im Dampf knackig garen.

4 Kastaniencremesuppe mit dem Rahm aufkochen, würzen. Anrichten, Gemüseeinlage darauf verteilen. Mit dem Schnittlauch bestreuen.

Variante

Kastanien aus dem Glas (Reformhaus/Bioladen) verwenden, diese erst der gekochten Suppe beigeben, pürieren.

kcal	**603**
Fett in g	**21,9**
mehrfach ungesättigte Fettsäuren in g	**5,9**
einfach ungesättigte Fettsäuren in g	**9,5**
gesättigte Fettsäuren in g	**5,2**
Kohlenhydrate in g	**82,5**
Eiweiss (g)	**9,8**
Nahrungsfasern in g	**21,1**
Natrium (mg)	**541,5**

Minestrone

Mahlzeit für 2 Personen

- 800 g Gemüse, je nach Marktangebot, z. B. Blumenkohl, Brokkoli, Zucchino, Karotte, Lauch, Stangensellerie, Kefen/Zuckerschoten, fruchtiges Kürbisfleisch, Wirz/Wirsing, Feder-/Grünkohl, Pastinake, Knollensellerie
- 200 g gekochte weisse Bohnen oder weisse Bohnen aus der Dose
- 1½ l Gemüsebrühe
- 1 Lorbeerblatt
- Meersalz
- frisch gemahlener Pfeffer
- 2 TL Olivenöl, zum Beträufeln

1 Das Gemüse putzen, eventuell schälen, in mundgerechte Stücke schneiden.

2 Gemüse, weisse Bohnen, Gemüsebrühe und Lorbeer aufkochen, Suppe bei schwacher Hitze etwa 20 Minuten köcheln lassen, bis das Gemüse gar ist. Lorbeerblatt entfernen. Minestrone mit Salz und Pfeffer würzen. Anrichten. Mit Olivenöl beträufeln.

Weisse Bohnen

Etwa 100 g Auskernbohnen über Nacht in reichlich Wasser einlegen. Einweichwasser anderntags weggiessen. Bohnen mit reichlich frischem Wasser aufkochen, bei schwacher Hitze weich garen, etwa 60 Minuten.

Tipp

Die Suppe kann mit Kartoffeln und/oder Pasta angereichert werden.

kcal	**278**
Fett in g	**10,7**
mehrfach ungesättigte Fettsäuren in g	**6,0**
einfach ungesättigte Fettsäuren in g	**2,6**
gesättigte Fettsäuren in g	**1,4**
Kohlenhydrate in g	**26,6**
Eiweiss (g)	**17,5**
Nahrungsfasern in g	**18,8**
Natrium (mg)	**723,0**

Schnelle Hafer-Gemüse-Suppe

Mahlzeit für 2 Personen

- 1 EL Olivenöl
- 1 kleine Zwiebel, klein gewürfelt
- 1 Knoblauchzehe, grob gewürfelt
- 150–200 g Gemüse, je nach Marktangebot, z. B. Karotte, Lauch, Kürbis, Zucchino
- ca. 40 g feine Haferflocken, je nach gewünschter Konsistenz
- ½ TL getrocknete Kräuter der Provence
- 1 l Gemüsebrühe
- geriebene Muskatnuss
- frisch gemahlener Pfeffer
- Kräutermeersalz
- 1 EL fein gehackte Petersilie
- Olivenöl, zum Beträufeln

1 Gemüse putzen/schälen. Karotte, Kürbis und Zucchino auf der Röstiraffel reiben, Lauch in feine Streifen schneiden.

2 Zwiebeln, Knoblauch und Gemüse im Olivenöl andünsten, Haferflocken und Kräuter der Provence zugeben und kurz mitdünsten, mit der Gemüsebrühe ablöschen, aufkochen, bei schwacher Hitze etwa 10 Minuten köcheln lassen. Würzen.
Mit der Petersilie bestreuen. Je nach Konsistenz mit Gemüsebrühe verdünnen. Mit Olivenöl abschmecken.

Tipp

Dazu einen bunten Blattsalat und Brot servieren.

kcal	**244**
Fett in g	**15,0**
mehrfach ungesättigte Fettsäuren in g	**5,3**
einfach ungesättigte Fettsäuren in g	**6,7**
gesättigte Fettsäuren in g	**2,1**
Kohlenhydrate in g	**21,2**
Eiweiss (g)	**5,8**
Nahrungsfasern in g	**6,2**
Natrium (mg)	**546,3**

Rustikale Gemüsesuppe

Mahlzeit für 2 Personen

- 600 g gemischtes Gemüse, z. B. Knollensellerie, Pastinaken, Karotten, Kürbis, Kohlrabi usw.
- 6 dl/600 ml Gemüsebrühe
- 2 EL Olivenöl
- Meersalz
- frisch gemahlener Pfeffer
- 1–2 EL gehackte Petersilie

1 Gemüse schälen, im Cutter hacken oder auf der Röstiraffel reiben.

2 Gemüse und Gemüsebrühe aufkochen, bei schwacher Hitze etwa 10 Minuten köcheln lassen, mit Olivenöl abschmecken, würzen. Kräuter unterrühren.

kcal	**205**
Fett in g	**12,1**
mehrfach ungesättigte Fettsäuren in g	**3,9**
einfach ungesättigte Fettsäuren in g	**5,8**
gesättigte Fettsäuren in g	**1,6**
Kohlenhydrate in g	**18,2**
Eiweiss (g)	**5,4**
Nahrungsfasern in g	**8,6**
Natrium (mg)	**466,1**

Kartoffel-Kohlrabi-Suppe mit Kräutern

Mahlzeit für 2 Personen

- 400 g festkochende Kartoffeln
- 150 g Kohlrabi
- 1 EL Olivenöl
- ca. 8 dl/800 ml Gemüsebrühe
- ½ dl/50 ml Rahm/Sahne
- 2–3 EL gehackte glattblättrige Petersilie
- fein geschnittener Schnittlauch
- abgezupfte Majoranblättchen
- frisch gemahlener Pfeffer
- Limonenöl, nach Belieben

1 Kartoffeln und Kohlrabi schälen, in kleine Würfel schneiden.

2 Gemüse, Olivenöl und Gemüsebrühe aufkochen, bei schwacher Hitze weich garen. Rahm und Kräuter zufügen, mit Pfeffer und Limonenöl abschmecken.

Tipp

Je nach Jahreszeit andere Kräuter verwenden.

kcal	**381**
Fett in g	**21,5**
mehrfach ungesättigte Fettsäuren in g	**5,0**
einfach ungesättigte Fettsäuren in g	**8,8**
gesättigte Fettsäuren in g	**6,5**
Kohlenhydrate in g	**38,2**
Eiweiss (g)	**7,7**
Nahrungsfasern in g	**6,0**
Natrium (mg)	**565,9**

Kürbissuppe

Mahlzeit für 2 Personen

- 1–2 EL Olivenöl
- 1 Zwiebel, klein gewürfelt
- 1 Knoblauchzehe
- 600 g fruchtiger Kürbis, entkernt
- 1 mittelgrosse mehligkochende Kartoffel
- ½–1 TL mittelscharfer Curry
- 1 Msp geriebene Muskatnuss
- 8 dl/800 ml Gemüsebrühe
- Kräutermeersalz
- frisch gemahlener Pfeffer
- 1 EL fein gehackte Petersilie

1 Kürbis und Kartoffel schälen und auf der Röstiraffel reiben.

2 Zwiebeln und durchgepresste Knoblauchzehe im Olivenöl andünsten, Kürbis mitdünsten. Kartoffeln zugeben. Curry und Muskat darüberstreuen, mit der Gemüsebrühe ablöschen, erhitzen, bei schwacher Hitze 15 bis 20 Minuten köcheln lassen. Pürieren.

3 Kürbissuppe erhitzen, mit Kräutersalz und Pfeffer abschmecken. Petersilie darüberstreuen.

Mahlzeit

Dazu passen Blattsalat und Brot.

kcal	**257**
Fett in g	**13,8**
mehrfach ungesättigte Fettsäuren in g	**4,9**
einfach ungesättigte Fettsäuren in g	**6,3**
gesättigte Fettsäuren in g	**1,9**
Kohlenhydrate in g	**26,3**
Eiweiss (g)	**5,9**
Nahrungsfasern in g	**9,3**
Natrium (mg)	**536,9**

Maiscremesuppe

Mahlzeit für 2 Personen

- 1–2 EL Olivenöl
- 1 kleine Zwiebel
- 2–3 Zuckermaiskolben (300 g Maiskörner) oder 300 g Maiskörner aus Dose oder Glas
- 1 Prise Curry
- 1 dl/100 ml Weisswein
- ½ l Gemüsebrühe
- frischer oder getrockneter Thymian
- frisch gemahlener Pfeffer
- 2 TL Crème fraîche
- fein geschnittener Schnittlauch

1 Zwiebel schälen, fein hacken. Maiskörner mit einem scharfen Messer von den Kolben schneiden.

2 Zwiebeln und Maiskörner im Olivenöl andünsten, Curry, Weisswein, Gemüsebrühe und Kräuter zufügen, aufkochen, bei schwacher Hitze etwa 10 Minuten kochen, bis die Maiskörner weich sind. Die Maissuppe pürieren und durch ein Sieb streichen.

3 Maiscremesuppe aufkochen, abschmecken mit Pfeffer. Anrichten. Mit Crème fraîche und Schnittlauch garnieren.

kcal	290
Fett in g	13,8
mehrfach ungesättigte Fettsäuren in g	3,9
einfach ungesättigte Fettsäuren in g	6,3
gesättigte Fettsäuren in g	2,6
Kohlenhydrate in g	27,3
Eiweiss (g)	5,8
Nahrungsfasern in g	5,4
Natrium (mg)	333,2

Randensuppe mit Meerrettich und Zwiebelsprossen

Mahlzeit für 2 Personen

- 1–2 EL Olivenöl
- 1 mittelgrosse Zwiebel
- 2 mittelgrosse rohe Randen/Rote Beten
- 1 dl/100 ml Rotwein
- 5–6 dl/500–600 ml Gemüsebrühe
- 1 kleines Stück Meerrettich
- frisch gemahlener Pfeffer
- wenig Schlagrahm/-sahne oder Crème fraîche
- Zwiebelsprossen

1 Zwiebel schälen und klein würfeln. Randen schälen und in kleine Würfel schneiden.

2 Zwiebeln und Randen im Olivenöl andünsten, mit Rotwein und Gemüsebrühe ablöschen, aufkochen, bei schwacher Hitze köcheln, bis die Randen weich sind.

3 Randensuppe pürieren und durch ein Sieb streichen, um die groben Fasern zu entfernen, abermals aufkochen. Mit frisch geriebenem Meerrettich und Pfeffer würzen. Anrichten. Mit Schlagrahm oder Crème fraîche und Zwiebelsprossen garnieren.

Variante

Gekochte Randen/Rote Beten verwenden. Die Kochzeit ist entsprechend kürzer.

kcal	**218**
Fett in g	**16,0**
mehrfach ungesättigte Fettsäuren in g	**4,0**
einfach ungesättigte Fettsäuren in g	**8,2**
gesättigte Fettsäuren in g	**2,9**
Kohlenhydrate in g	**8,9**
Eiweiss (g)	**1,9**
Nahrungsfasern in g	**2,9**
Natrium (mg)	**434,0**

Linsen-Kürbis-Suppe mit Curry

Mahlzeit für 2 Personen

- 1 EL Olivenöl
- 1 kleine Zwiebel, klein gehackt
- 1 Knoblauchzehe
- 80 g rote Linsen
- 300 g Kürbisfleisch, gewürfelt
- 1 TL mittelscharfer Curry
- 8 dl/800 ml Gemüsebrühe
- frisch gemahlener Pfeffer
- Kräutermeersalz
- 1 dl/100 ml Kokosnussmilch, nach Belieben
- einige Tropfen Mandarinenöl

1 Zwiebeln und durchgepressten Knoblauch im Olivenöl andünsten. Linsen und Kürbis kurz mitdünsten, Curry darüberstreuen, mit der Gemüsebrühe ablöschen, aufkochen, bei schwacher Hitze rund 20 Minuten köcheln lassen. Pürieren.

2 Linsen-Kürbis-Suppe aufkochen, nach Belieben würzen. Kokosnussmilch unterrühren. Mit dem Mandarinenöl beträufeln.

Mahlzeit

Dazu passen ein bunter Blattsalat und Brot.

kcal	**308**
Fett in g	**14,4**
mehrfach ungesättigte Fettsäuren in g	**5,0**
einfach ungesättigte Fettsäuren in g	**6,4**
gesättigte Fettsäuren in g	**2,1**
Kohlenhydrate in g	**31,4**
Eiweiss (g)	**12,5**
Nahrungsfasern in g	**9,3**
Natrium (mg)	**569,0**

Vorspeisen · Snacks · Salate

Avocado-Bruschetta mit Rucola

Vorspeise oder kleiner Snack
oder kleine Mahlzeit für 2 Personen

- 4 Scheiben Ruchbrot oder Vollkorn-Baguette, 80–100 g

- 1 reife Avocado
- einige Tropfen Zitronensaft
- 1 Knoblauchzehe, durchgepresst
- 1 EL gehackte Petersilie oder Kräuter nach Wahl
- Meersalz
- frisch gemahlener Pfeffer
- ½ Bund Rucola, ca. 40 g, Blättchen abgezupft und fein geschnitten
- Olivenöl, zum Beträufeln
- frisch gemahlener Pfeffer

1 Brotscheiben im Toaster oder im Backofen rösten.

2 Avocado schälen, halbieren und entsteinen, Fruchtfleisch mit Gabel grob zerdrücken, sofort mit Zitronensaft, durchgepresstem Knoblauch und Petersilie vermengen. Abschmecken mit Salz und Pfeffer.

3 Avocadopüree auf die getoasteten Brotscheiben verteilen. Mit fein geschnittenem Rucola bestreuen. Mit einigen Tropfen Olivenöl beträufeln. Mit Pfeffer aus der Mühle abschmecken.

Mahlzeit

Ergibt zusammen mit einer Suppe eine komplette Mahlzeit.

Varianten

Das Brot nicht toasten. Bruschetta mit ein wenig fein gehobeltem Hartkäse bestreuen. Rucola durch Petersilie oder Basilikum ersetzen.

kcal	**339**
Fett in g	**19,7**
mehrfach ungesättigte Fettsäuren in g	**2,7**
einfach ungesättigte Fettsäuren in g	**11,7**
gesättigte Fettsäuren in g	**4,1**
Kohlenhydrate in g	**32,9**
Eiweiss (g)	**7,8**
Nahrungsfasern in g	**8,5**
Natrium (mg)	**307,5**

Marinierte Avocados mit Pilzen

Vorspeise für 2 Personen

- 1 reife Avocado
- ½ Zitrone, Saft
- Kräutermeersalz
- frisch gemahlener Pfeffer
- 1 kleine feste Tomate, klein gewürfelt
- 4 Champignons, in sehr feinen Scheiben
- 1 TL milder Balsamico
- 2 EL Olivenöl oder Rapsöl oder Avocadoöl
- 1 EL fein geschnittener Schnittlauch

Avocado schälen, halbieren und entsteinen, Hälften in Spalten schneiden, auf Tellern anrichten, sofort mit Zitronensaft beträufeln. Mit Kräutersalz und Pfeffer würzen. Tomatenwürfelchen und Pilzscheiben darüberstreuen. Mit Balsamico und Olivenöl beträufeln. Mit Schnittlauch garnieren.

kcal	291
Fett in g	**28,0**
mehrfach ungesättigte Fettsäuren in g	**3,2**
einfach ungesättigte Fettsäuren in g	**17,8**
gesättigte Fettsäuren in g	**5,2**
Kohlenhydrate in g	**7,1**
Eiweiss (g)	**3,5**
Nahrungsfasern in g	**7,3**
Natrium (mg)	**2,9**

Frischkäse-Peperoni-Mousse

Vorspeise für 2 Personen

- 1 grüner Peperoni/Gemüsepaprika
- 1 EL Olivenöl oder Rapsöl
- 2 EL Frischkäse, ca. 40 g
- 2 EL gehackte Baum-/Walnüsse
- 1 EL gehackte Kräuter
- Meersalz
- frisch gemahlener Pfeffer
- wenig Zitronensaft

1 Peperoni mit dem Sparschäler schälen und im Dampf kurz garen, dann in Stücke schneiden.

2 Alle Zutaten zu einer feinen Mousse pürieren, mit Salz, Pfeffer und Zitronensaft abschmecken.

Tipp

Zu geröstetem Brot oder zu Rohkost servieren.

kcal	226
Fett in g	**21,5**
mehrfach ungesättigte Fettsäuren in g	**8,6**
einfach ungesättigte Fettsäuren in g	**7,5**
gesättigte Fettsäuren in g	**4,8**
Kohlenhydrate in g	**3,7**
Eiweiss (g)	**5,1**
Nahrungsfasern in g	**2,3**
Natrium (mg)	**60,3**

Kräutertomaten

Vorspeise für 4 Personen

- 4 Tomaten
- Kräutermeersalz
- frisch gemahlener Pfeffer
- 2–3 EL fein geriebene Mandeln
- 2–3 EL fein gehackte Kräuter, je nach Angebot
- 1–2 EL Olivenöl

1 Den Stielansatz der Tomaten ausstechen. Tomaten in nicht zu dünne Scheiben schneiden. Mit Kräutersalz und Pfeffer würzen.

2 Mandeln und Kräuter mischen. Tomatenscheiben darin wenden.

3 Kräutertomaten in einer beschichteten Bratpfanne im Öl auf beiden Seiten kurz braten.

Tipp

Auf gerösteten Brotscheiben anrichten.

kcal	**110**
Fett in g	**10,1**
mehrfach ungesättigte Fettsäuren in g	**1,5**
einfach ungesättigte Fettsäuren in g	**6,9**
gesättigte Fettsäuren in g	**1,2**
Kohlenhydrate in g	**2,3**
Eiweiss (g)	**2,6**
Nahrungsfasern in g	**1,8**
Natrium (mg)	**4,5**

Kichererbsendip mit Rohkost

Vorspeise für 4 Personen

Rohkost

- Karotten, Stangensellerie, Gurken, Kohlrabi, Fenchel, Rettich, Radieschen, je nach Marktangebot

Dip

- 250 g Kichererbsen aus der Dose, abgetropft
- 1 Knoblauchzehe, zerkleinert
- 2 EL Olivenöl oder Rapsöl
- ½ Zitrone, Saft
- Gemüsebrühe
- ½ Bund glattblättrige Petersilie, Blättchen von den Stielen gezupft und gehackt
- Kräutermeersalz
- frisch gemahlener Pfeffer

1 Kichererbsen, Knoblauch, Öl und Zitronensaft pürieren, mit Gemüsebrühe verdünnen, Petersilie unterrühren. Abschmecken.

2 Gemüse eventuell schälen, in Stängel schneiden.

Mahlzeit

Mit Brot servieren.

Variante

Kichererbsen durch gekochte weisse Bohnen oder gekochte rote Linsen ersetzen.

kcal	**163**
Fett in g	**8,0**
mehrfach ungesättigte Fettsäuren in g	**1,6**
einfach ungesättigte Fettsäuren in g	**4,4**
gesättigte Fettsäuren in g	**1,2**
Kohlenhydrate in g	**14,8**
Eiweiss (g)	**7,2**
Nahrungsfasern in g	**4,3**
Natrium (mg)	**157,3**

Rohkoststängel mit Bündnerfleisch

Vorspeise oder Snack für 2 Personen

- rohes Gemüse wie Zucchino, Fenchel, Karotte, Stangensellerie, fruchtiger Kürbis, Kohlrabi, Radieschen, Rettich
- 100 g Bündnerfleisch oder Rohschinken
- Kräuter, je nach Marktangebot
- frisch gemahlener Pfeffer
- Olivenöl oder Limonenöl

Gemüse putzen/schälen, in Stängelchen schneiden, mit Bündnerfleisch umwickeln, mit Kräutern garnieren, mit Pfeffer würzen und einigen Tropfen Olivenöl oder Limonenöl beträufeln.

Variante

Gemüsestängelchen mit dünnen Scheiben von rohem Schwertfisch, Thunfisch oder Räucherlachs umwickeln.

Mahlzeit

Mit einer Suppe servieren.

kcal	**224**
Fett in g	**16,4**
mehrfach ungesättigte Fettsäuren in g	**1,7**
einfach ungesättigte Fettsäuren in g	**10,4**
gesättigte Fettsäuren in g	**3,3**
Kohlenhydrate in g	**4,5**
Eiweiss (g)	**14,4**
Nahrungsfasern in g	**2,2**
Natrium (mg)	**40,6**

Bauernsalat mit Feta

Mahlzeit für 2 Personen

- ½ Freilandgurke
- 5–6 Cherrytomaten oder 1 grosse Tomate
- 4 eingelegte Artischockenherzen
- 8–12 entsteinte grüne Oliven
- 1 rote Zwiebel
- ½ roter und grüner Peperoni/Gemüsepaprika
- 1 Bund Rucola oder anderer Saisonblattsalat
- 100 g Feta, gewürfelt

Vinaigrette

- 1 TL Balsamico
- ½–1 Zitrone, Saft
- Meersalz
- frisch gemahlener Pfeffer
- 4 EL Olivenöl oder Rapsöl

1 Gurke schälen, in Scheiben oder Würfel schneiden. Cherrytomaten halbieren. Stielansatz bei der grossen Tomate ausstechen, in Spalten schneiden. Zwiebel in feine Ringe schneiden. Peperonihälften entkernen, quer in Streifen schneiden.

2 Sämtliche Zutaten mischen, mit der Vinaigrette beträufeln.

kcal	**409**
Fett in g	**36,3**
mehrfach ungesättigte Fettsäuren in g	**2,9**
einfach ungesättigte Fettsäuren in g	**19,4**
gesättigte Fettsäuren in g	**11,6**
Kohlenhydrate in g	**8,8**
Eiweiss (g)	**11,3**
Nahrungsfasern in g	**7,3**
Natrium (mg)	**603,6**

Herbstlicher Fenchel-Rucola-Salat

Mahlzeit für 2 Personen

- 1 Fenchel
- 1 Brüsseler Endivie
- 1 Bund Rucola, Stiele abgezupft
- 2 EL Olivenöl
- 12 Baum-/Walnusshälften
- 12–15 gekochte Kastanien aus dem Glas (Reformhaus/Bioladen)
- Meersalz
- frisch gemahlener Pfeffer
- 100 g Shiitake
- einige Thymianzweiglein

Vinaigrette

- 2 EL Balsamico
- 1 TL Zitronensaft oder Himbeeressig
- Kräutermeersalz
- frisch gemahlener Pfeffer
- 4 EL Olivenöl

1 Grobe Fasern beim Fenchel mit Sparschäler entfernen, Knolle längs halbieren und quer in möglichst feine Streifen schneiden. Brüsseler Endivie in Streifen schneiden.

2 Baumnüsse und Kastanien in einem Esslöffel Olivenöl braten, würzen, warm stellen.

3 Shiitake in Streifen schneiden und im restlichen Olivenöl braten, mit Thymian, Salz und Pfeffer würzen.

4 Fenchel, Brüsseler Endivie und Rucola mit der Vinaigrette vermengen, anrichten. Nüsse, Kastanien und Pilze darauflegen.

kcal	**556**
Fett in g	**47,8**
mehrfach ungesättigte Fettsäuren in g	**11,5**
einfach ungesättigte Fettsäuren in g	**27,7**
gesättigte Fettsäuren in g	**6,4**
Kohlenhydrate in g	**26,6**
Eiweiss (g)	**7,4**
Nahrungsfasern in g	**7,9**
Natrium (mg)	**71,7**

Fruchtiger Zitronensalat

Beilage für 2 Personen

- 2 Bio-Zitronen
- 1 Knoblauchzehe, durchgepresst oder in Scheiben
- reichlich gehackte glattblättrige Petersilie
- 1 Prise Meersalz
- 2–3 EL Olivenöl

Zitronen samt Schale in möglichst kleine Würfel schneiden, entkernen. Mit restlichen Zutaten mischen, rund 30 Minuten durchziehen lassen.

Tipp

Passt zu Fisch.

kcal	**133**
Fett in g	**12,3**
mehrfach ungesättigte Fettsäuren in g	**1,3**
einfach ungesättigte Fettsäuren in g	**8,6**
gesättigte Fettsäuren in g	**1,8**
Kohlenhydrate in g	**3,5**
Eiweiss (g)	**1,0**
Nahrungsfasern in g	**1,0**
Natrium (mg)	**394,1**

Bunter Blattsalat mit gebratenen Austernpilzen

Vorspeise für 2 Personen

- 1 TL Olivenöl
- 150 g Austernpilze oder Champignons oder andere Pilze, je nach Marktangebot
- Meersalz
- 2 grosse Portionen Blattsalat, je nach Saison

Sauce

- 1 EL Zitronensaft
- Meersalz
- frisch gemahlener Pfeffer
- 1 Msp Senf
- 2 EL Gemüsebrühe
- 3 EL Olivenöl oder Rapsöl

1. Austernpilze in Streifen schneiden, im Olivenöl scharf anbraten, würzen.
2. Blattsalat waschen und trocken schleudern, je nach Grösse in kleinere Stücke zupfen. Auf Tellern anrichten.
3. Pilze auf dem Blattsalat anrichten, Sauce darüberträufeln. Sofort servieren.

kcal	**210**
Fett in g	**21,1**
mehrfach ungesättigte Fettsäuren in g	**2,3**
einfach ungesättigte Fettsäuren in g	**14,7**
gesättigte Fettsäuren in g	**3,0**
Kohlenhydrate in g	**2,9**
Eiweiss (g)	**3,3**
Nahrungsfasern in g	**5,2**
Natrium (mg)	**40,7**

Lauwarmer Kartoffel-Carpaccio

Mahlzeit für 2 Personen

- 300–400 g festkochende Kartoffeln
- 1 Freilandgurke
- einige Kapern
- feine Radieschenscheiben
- feine Zwiebelringe

Marinade

- 2 EL Zitronensaft oder Essig
- frisch gemahlener Pfeffer
- Kräutermeersalz
- gehackte glattblättrige Petersilie
- fein gehackte junge Rosmarinnadeln
- 4 EL Olivenöl oder Rapsöl

1 Kartoffeln schälen, in 2 bis 3 mm dicke Scheiben schneiden, im Dampf weich garen.

2 Gurken schälen und in Scheiben schneiden.

3 Die noch warmen Kartoffeln abwechselnd mit den Gurkenscheiben auf Tellern anrichten, mit der Marinade beträufeln. Mit Kapern, Radieschenscheiben und Zwiebelringen garnieren.

kcal	**371**
Fett in g	**24,5**
mehrfach ungesättigte Fettsäuren in g	**2,4**
einfach ungesättigte Fettsäuren in g	**17,1**
gesättigte Fettsäuren in g	**3,6**
Kohlenhydrate in g	**31,8**
Eiweiss (g)	**4,9**
Nahrungsfasern in g	**4,3**
Natrium (mg)	**15,6**

Bohnen-Avocado-Salat mit Roquefort

Mahlzeit für 2 Personen

- 250 g zarte grüne Bohnen
- 1 kleine Zwiebel, klein gehackt
- 1 reife Avocado
- Zitronensaft
- 1 Bund Rucola, Blättchen abgezupft, in Streifen
- 80–100 g Roquefort oder Feta, gewürfelt

Sauce

- 2 EL Himbeeressig
- Kräutermeersalz
- frisch gemahlener Pfeffer
- 3 EL Olivenöl oder Rapsöl

- Cherrytomaten, für die Garnitur

1 Den Stielansatz bei den Bohnen abknispen, Bohnen im Dampf 10 bis 12 Minuten knackig garen. Dickere Bohnen haben eine Garzeit von etwa 25 Minuten. Kalt abschrecken.

2 Avocado schälen, halbieren und entsteinen, Fruchtfleisch klein würfeln. Oder Avocado halbieren und entsteinen, aus dem Fruchtfleisch kleine Kugeln ausstechen. Mit Zitronensaft beträufeln.

3 Bohnen, Zwiebeln, Avocado, Rucola und Roquefort mischen, auf Tellern anrichten. Mit der Sauce beträufeln. Mit halbierten oder geviertelten Cherrytomaten garnieren.

kcal	**527**
Fett in g	**46,5**
mehrfach ungesättigte Fettsäuren in g	**4,3**
einfach ungesättigte Fettsäuren in g	**24,8**
gesättigte Fettsäuren in g	**14,0**
Kohlenhydrate in g	**13,2**
Eiweiss (g)	**14,5**
Nahrungsfasern in g	**9,1**
Natrium (mg)	**610,1**

Rosenkohl-Karotten-Salat mit Pinienkernen

Vorspeise für 2 Personen

- 100 g Rosenkohl
- 2 mittelgrosse Karotten
- ½ kleine Zwiebel, klein gehackt, nach Belieben
- 1 EL trocken geröstete Pinienkerne oder geröstete Baum-/Walnüsse

Sauce

- 1 EL Rotweinessig oder Zitronensaft
- 1 TL Balsamico
- 1 TL Sojasauce
- Kräutermeersalz
- frisch gemahlener Pfeffer
- 2 EL Olivenöl oder Rapsöl oder Baum-/Walnussöl

1 Rosenkohl putzen, Köpfchen auf dem Gemüsehobel hobeln. Karotten schälen, auf der Röstiraffel reiben.

2 Sauce zubereiten.

3 Gemüse und Zwiebeln mit der Sauce vermengen. Pinienkerne darüberstreuen.

kcal	**203**
Fett in g	**16,3**
mehrfach ungesättigte Fettsäuren in g	**3,1**
einfach ungesättigte Fettsäuren in g	**10,1**
gesättigte Fettsäuren in g	**2,3**
Kohlenhydrate in g	**8,9**
Eiweiss (g)	**5,1**
Nahrungsfasern in g	**5,5**
Natrium (mg)	**54,3**

Bunter Couscous-Salat mit Feta

Mahlzeit für 2 Personen

- 100 g Couscous
- 2 dl/200 ml Wasser oder Gemüsebrühe
- 125 g (½ Dose) Kichererbsen
- 1 kleine Freilandgurke
- 2 feste, mittelgrosse Tomaten
- ½–1 roter Peperoni/Gemüsepaprika
- 1 kleine rote oder weisse Zwiebel
- 8 schwarze Oliven, nach Belieben
- 8 frische Minzeblättchen, in Streifchen
- 1 EL grob gehackte glattblättrige Petersilie
- 100 g Feta, gewürfelt

Sauce

- 1–1½ Zitrone, je nach Saftmenge
- Meersalz
- frisch gemahlener Pfeffer
- 5 EL Olivenöl oder Rapsöl
- wenig Gemüsebrühe, wenn der Salat zu trocken ist

1 Cousous mit dem kochenden Wasser übergiessen, 10 Minuten zugedeckt quellen lassen.

2 Gurke schälen, würfeln. Stielansatz der Tomaten ausstechen, Tomaten vierteln. Peperoni halbieren, Stielansatz und Kerne entfernen, in Quadrate schneiden. Zwiebel klein würfeln.

3 Sauce zubereiten.

4 Zutaten bis und mit Oliven mit der Sauce mischen. Rund 30 Minuten ziehen lassen. Minze, Petersilie und Feta untermischen. Das Couscous braucht viel Würze, eventuell nachwürzen.

kcal	**690**
Fett in g	**41,3**
mehrfach ungesättigte Fettsäuren in g	**4,5**
einfach ungesättigte Fettsäuren in g	**21,3**
gesättigte Fettsäuren in g	**12,4**
Kohlenhydrate in g	**56,9**
Eiweiss (g)	**21,4**
Nahrungsfasern in g	**10,6**
Natrium (mg)	**928,1**

Brüsseler Endiviensalat mit rosa Grapefruit

Vorspeise für 2 Personen

- je 1 rote und weisse Brüsseler Endivie
- 1 rosa Grapefruit

Sauce

- 1 EL Rotweinessig
- wenig Balsamico
- Meersalz
- frisch gemahlener Pfeffer
- 2 EL Olivenöl oder Rapsöl

- 1 EL fein gehackte Petersilie

1 Grapefruit mit einem Messer grosszügig schälen, auch die weisse Haut entfernen. Frucht quer in Scheiben schneiden, entkernen, Scheiben vierteln. Brüsseler Endivien längs halbieren, dann die Hälften längs vierteln.

2 Die Sauce zubereiten.

3 Brüsseler Endivie und Grapefruit anrichten. Mit der Sauce beträufeln. Petersilie darüber verteilen. Sofort servieren.

kcal	**196**
Fett in g	**12,6**
mehrfach ungesättigte Fettsäuren in g	**1,4**
einfach ungesättigte Fettsäuren in g	**8,6**
gesättigte Fettsäuren in g	**1,9**
Kohlenhydrate in g	**12,4**
Eiweiss (g)	**4,6**
Nahrungsfasern in g	**4,9**
Natrium (mg)	**91,7**

Orangensalat mit Zwiebeln und Oliven

Vorspeise für 2 Personen

- 2 Orangen
- 2 kleine Zwiebeln, in Ringen
- Meersalz
- frisch gemahlener Pfeffer
- 2 EL Olivenöl
- wenig glattblättrige Petersilie
- 10 schwarze Oliven

1 Orangen mit einem Messer grosszügig schälen, auch die weisse Haut entfernen. Früchte quer in Scheiben schneiden und entkernen.

2 Orangenscheiben anrichten. Zwiebeln darüber verteilen. Mit Salz und Pfeffer würzen. Mit Olivenöl beträufeln. Mit der Petersilie und den Oliven garnieren.

kcal	**263**
Fett in g	**18,5**
mehrfach ungesättigte Fettsäuren in g	**1,9**
einfach ungesättigte Fettsäuren in g	**12,9**
gesättigte Fettsäuren in g	**2,7**
Kohlenhydrate in g	**19,7**
Eiweiss (g)	**3,0**
Nahrungsfasern in g	**5,9**
Natrium (mg)	**8,3**

Lauchsalat mit getrockneten Tomaten und Roquefort

Mahlzeit für 2 Personen

- 1 grosse Lauchstange
- 60 g in Öl eingelegte getrocknete Tomaten
- 10 schwarze Oliven
- 8 Baumnuss-/Walnusshälften oder 2 EL Kürbiskerne
- 100 g Roquefort oder Ziegenfrischkäse oder Pecorino dolce, zerbröckelt

Sauce

- 2 EL Himbeer-, Apfel- oder Rotweinessig
- 1 TL Balsamico
- frisch gemahlener Pfeffer, Kräutermeersalz
- 4–5 EL Olivenöl
- 1 EL gehackte Petersilie

1 Grobfasrige Hüllblätter beim Lauch entfernen, Stängel längs halbieren und in 1 cm breite Streifen schneiden, im Dampf knackig garen.

2 Sauce zubereiten. Lauwarmen Lauch zufügen, vermengen, 15 Minuten marinieren. Dörrtomaten in feine Streifen schneiden, mit den Oliven unter den Salat mischen.

3 Lauchsalat anrichten, mit Nüssen und Roquefort garnieren.

kcal	**631**
Fett in g	**59,1**
mehrfach ungesättigte Fettsäuren in g	**12,7**
einfach ungesättigte Fettsäuren in g	**27,0**
gesättigte Fettsäuren in g	**16,0**
Kohlenhydrate in g	**5,8**
Eiweiss (g)	**19,9**
Nahrungsfasern in g	**4,5**
Natrium (mg)	**984,3**

Salat mit grünen Bohnen und Thunfisch

Mahlzeit für 2 Personen

- 150 g grüne Bohnen
- 2 Tomaten oder 8 Cherrytomaten
- 1 Bund Rucola, ca. 80 g
- je 1 Cicorino rosso und verde
- 1 kleine rote oder weisse Zwiebel
- 200 g Thunfisch (kleine Dose)
- frisch gemahlener schwarzer Pfeffer

Sauce

- ½–1 Zitrone, Saft
- wenig Balsamico
- Meersalz
- frisch gemahlener Pfeffer
- ca. 4 EL Olivenöl oder Rapsöl

1 Den Stielansatz bei den Bohnen abknipsen, Bohnen im Dampf knackig garen, je nach Grösse in Stücke schneiden.

2 Bei den Tomaten Stielansatz ausstechen, in 4 oder 8 Schnitze schneiden. Cherrytomaten halbieren. Rucola von den Stielen zupfen und in Streifen schneiden. Cicorino rosso längs halbieren, in breite Streifen schneiden. Zwiebel in Ringe schneiden.

3 Zutaten, ohne Fisch, mit der Sauce mischen, Fisch zerpflücken und darüber verteilen. Würzen mit Pfeffer.

kcal	**388**
Fett in g	**25,4**
mehrfach ungesättigte Fettsäuren in g	**2,9**
einfach ungesättigte Fettsäuren in g	**17,2**
gesättigte Fettsäuren in g	**3,8**
Kohlenhydrate in g	**10,7**
Eiweiss (g)	**28,4**
Nahrungsfasern in g	**5,9**
Natrium (mg)	**389,4**

Bohnen-Kartoffel-Salat mit Feta

Mahlzeit für 2 Personen

- 250 g zarte grüne Bohnen
- 250 g fest kochende Kartoffeln
- 1 Zwiebel, klein gewürfelt
- 80 g Feta, gewürfelt
- einige schwarze Oliven, nach Belieben

Sauce

- 2 EL Weiss- oder Rotweinessig
- 1 TL Senf
- 6–8 EL Gemüsebrühe
- Kräutermeersalz
- frisch gemahlener Pfeffer
- 4 EL Olivenöl
- 1 Knoblauchzehe

1 Stielansatz der Bohnen abknipsen, Bohnen eventuell quer halbieren. Kartoffeln schälen und klein würfeln. Grüne Bohnen und Kartoffeln im Dampf 15 bis 20 Minuten garen.

2 Sauce zubereiten. Knoblauchzehe dazupressen.

3 Noch warme Kartoffeln, Bohnen und Zwiebeln mit der Sauce mischen. Feta und Oliven darüberstreuen.

kcal	**485**
Fett in g	**35,0**
mehrfach ungesättigte Fettsäuren in g	**3,2**
einfach ungesättigte Fettsäuren in g	**19,5**
gesättigte Fettsäuren in g	**10,1**
Kohlenhydrate in g	**29,1**
Eiweiss (g)	**12,6**
Nahrungsfasern in g	**4,5**
Natrium (mg)	**490,7**

Salatsaucen

für 4 Portionen

Rotweinvinaigrette

- 1 EL Rotweinessig
- 1 EL Gemüsebrühe
- Pfeffer, 1 Msp Meersalz
- 2 EL Olivenöl oder Rapsöl
- 1 Knoblauchzehe, durchgepresst

passt zu Blattsalat

kcal	60
Fett in g	6,1
mehrfach ungesättigte Fettsäuren in g	0,6
einfach ungesättigte Fettsäuren in g	4,3
gesättigte Fettsäuren in g	0,9
Kohlenhydrate in g	0,8
Eiweiss (g)	0,2
Nahrungsfasern in g	0,1
Natrium (mg)	5,6

Estragonvinaigrette

- 1 EL Estragonessig
- 1 TL Senf, 1 EL Rotwein
- 1 Msp Blütenhonig
- 2 EL Olivenöl

passt zu Endiviensalat

kcal	58
Fett in g	6,1
mehrfach ungesättigte Fettsäuren in g	0,6
einfach ungesättigte Fettsäuren in g	4,3
gesättigte Fettsäuren in g	0,9
Kohlenhydrate in g	0,2
Eiweiss (g)	0,1
Nahrungsfasern in g	0,0
Natrium (mg)	19,6

Zitronenrahmsauce

- 1 EL Zitronensaft
- 4 EL Rahm/Sahne
- 1 Msp Meersalz
- 1 Prise weisser Pfeffer
- 1 EL Olivenöl
- 1 Bio-Zitrone,
  wenig abgeriebene Schale

passst zu rohem Wurzelgemüse (Rohkost) und Blattsalat

kcal	**77**
Fett in g	**7,8**
mehrfach ungesättigte Fettsäuren in g	**0,4**
einfach ungesättigte Fettsäuren in g	**3,6**
gesättigte Fettsäuren in g	**3,3**
Kohlenhydrate in g	**1,0**
Eiweiss (g)	**0,5**
Nahrungsfasern in g	**0,1**
Natrium (mg)	**5,4**

Vegetarische Mahlzeiten und Beilagen

Karotten-Nuss-Burger

für 2 Personen

- 200 g Karotten, geschält, fein gerieben (Bircherraffel)
- 2 EL Vollkornmehl
- 1 Ei
- 2 EL grob gehackte Nüsse: Mandeln, Haselnüsse, Cashewnüsse
- 1 EL fein geschnittener Schnittlauch oder 1 EL gehackte Petersilie oder Rosmarinnadeln
- Meersalz, frisch gemahlener Pfeffer
- 1 Prise Ingwerpulver, nach Belieben
- 1 Prise Muskatnuss
- 1 Bio-Orange oder -Zitrone, wenig abgeriebene Schale

- Olivenöl, zum Braten

1 Alle Zutaten mischen, würzen. Von Hand 6 bis 8 flache Burger formen.

2 Vegiburger in einer beschichteten Bratpfanne in wenig Öl bei mittlerer Hitze 4 Minuten auf jeder Seite braten. Auf Küchenpapier abtropfen lassen.

Mahlzeit

Mit Kartoffeln oder Nudeln oder Reis und Blattsalat servieren.

kcal	**279**
Fett in g	**17,4**
mehrfach ungesättigte Fettsäuren in g	**3,0**
einfach ungesättigte Fettsäuren in g	**10,3**
gesättigte Fettsäuren in g	**2,6**
Kohlenhydrate in g	**19,5**
Eiweiss (g)	**10,6**
Nahrungsfasern in g	**6,6**
Natrium (mg)	**70,3**

Sellerie-Piccata

Mahlzeit für 2 Personen

- 1 Knollensellerie
- Mehl
- 1–2 Eier, je nach Grösse der Sellerieknolle
- 50 g geriebene Mandeln
- 1 Bio-Zitrone, abgeriebene Schale
- fein gehackte Rosmarinnadeln
- Meersalz

- Olivenöl, zum Braten

1. Sellerie schälen und in 5 mm dicke Scheiben schneiden, im Dampf knackig garen.
2. Eier verquirlen, Mandeln, Zitronenschale und Rosmarin unterrühren, mit Salz abschmecken.
3. Selleriescheiben zuerst im Mehl und dann in der Eiermischung wenden. Sellerie-Piccata im Öl knusprig backen.

Mahlzeit

Mit einem bunten Salat servieren.

Variante

Sellerie durch Kohlrabi ersetzen.

kcal	**345**
Fett in g	**25,4**
mehrfach ungesättigte Fettsäuren in g	**4,9**
einfach ungesättigte Fettsäuren in g	**15,7**
gesättigte Fettsäuren in g	**4,1**
Kohlenhydrate in g	**13,0**
Eiweiss (g)	**16,4**
Nahrungsfasern in g	**9,4**
Natrium (mg)	**202,6**

Zucchini mit Pilz-Käse-Füllung

für 2 Personen

- 2 mittelgrosse Zucchini

- 2 dl/200 ml Gemüsebrühe
- 1 EL Olivenöl
- 1 kleine Zwiebel, klein gehackt
- wenig roter Peperoncino/Pfefferschote, nach Belieben
- 4 kleine Champignons
- 100 g Feta, zerbröckelt
- ½ Bund Basilikum, Blättchen abgezupft und fein geschnitten
- frisch gemahlener Pfeffer
- Kräutermeersalz

1 Zucchini längs halbieren, mit einem Kugelausstecher aushöhlen. Fruchtfleisch fein hacken. Peperoncino und Champignons ebenfalls fein hacken.

2 Zucchinihälften in wenig Gemüsebrühe 3 Minuten köcheln lassen.

3 Den Backofen auf 200 °C vorheizen.

4 Zucchinifleisch, Zwiebeln, Peperoncini und Pilze im Olivenöl andünsten. Von der Wärmequelle nehmen. Feta und Basilikum unterrühren, kräftig würzen. Zucchinihälften füllen, in eine geölte Gratinform legen. Wenig Gemüsebrühe zugeben.

5 Zucchini im vorgeheizten Ofen bei 200 °C rund 30 Minuten schmoren.

Mahlzeit

Mit Reis, Nudeln oder im Dampf gegarten Kartoffeln servieren.

kcal	**274**
Fett in g	**20,7**
mehrfach ungesättigte Fettsäuren in g	**2,5**
einfach ungesättigte Fettsäuren in g	**7,4**
gesättigte Fettsäuren in g	**9,3**
Kohlenhydrate in g	**7,5**
Eiweiss (g)	**13,8**
Nahrungsfasern in g	**3,9**
Natrium (mg)	**620,6**

Federkohl-Risotto

Mahlzeit für 2 Personen

- 2 EL Olivenöl
- 1 kleine Zwiebel
- 200 g Risottoreis
- ca. ½ l Gemüsebrühe
- 400 g Feder-/Grünkohl
- 50 g Gorgonzola
- frisch gemahlener Pfeffer
- Olivenöl

1 Zwiebel schälen, klein würfeln. Beim Federkohl dicke, zähe Rippen entfernen, Blätter im Cutter fein hacken.

2 Zwiebeln im Olivenöl andünsten, Reis zufügen, glasig werden lassen, Gemüsebrühe dazugiessen, aufkochen, bei schwacher Hitze 10 Minuten kochen, immer wieder rühren. Federkohl zugeben, eventuell Gemüsebrühe nachgiessen, weiterkochen, bis der Reis und der Kohl gar sind. Mit Gorgonzola verfeinern und mit Pfeffer abschmecken. Risotto mit Olivenöl beträufeln.

Variante

Federkohl durch Wirz/Wirsing oder Brokkoli ersetzen.

kcal	**673**
Fett in g	**26,9**
mehrfach ungesättigte Fettsäuren in g	**5,1**
einfach ungesättigte Fettsäuren in g	**12,2**
gesättigte Fettsäuren in g	**7,4**
Kohlenhydrate in g	**84,9**
Eiweiss (g)	**21,5**
Nahrungsfasern in g	**11,7**
Natrium (mg)	**754,7**

Penne mit Bohnen und Kefen

Mahlzeit für 2 Personen

- 200 g gerillte Penne
- 300–400 g feine grüne Bohnen und Kefen/Zuckerschoten, gemischt
- Olivenöl

Pesto

- 1 Handvoll Basilikumblätter
- 1 Handvoll glattblättrige Petersilie ohne Stiele
- 1 EL Baum-/Walnüsse
- 1 EL geriebener Pecorino oder Sbrinz oder Parmesan
- 5–7 EL Olivenöl
- Meersalz
- frisch gemahlener Pfeffer

1. Stielansatz bei Bohnen und Kefen abknipsen, quer halbieren.
2. Für den Pesto Basilikum, Petersilie, Nüsse, Käse und Olivenöl grob mixen, abschmecken mit Salz und Pfeffer.
3. Penne und Gemüse im Salzwasser knackig garen, etwa 8 Minuten, abgiessen. Das Kochwasser ist reich an basischen Mineralstoffen, deshalb auffangen und für eine Suppe verwenden.
4. Penne-Gemüse-Mix mit Olivenöl abschmecken. Sofort servieren. Pesto separat servieren.

Tipps

Wenn man für die Zubereitung des Pestos etwas Penne-Kochwasser verwendet, braucht es entsprechend weniger Öl. Je nach Saison den Pesto mit Bärlauch oder Rucola zubereiten. Gemüse durch Spinat oder Brokkoli ersetzen.

kcal	**751**
Fett in g	**39,1**
mehrfach ungesättigte Fettsäuren in g	**6,7**
einfach ungesättigte Fettsäuren in g	**22,8**
gesättigte Fettsäuren in g	**6,8**
Kohlenhydrate in g	**79,2**
Eiweiss (g)	**20,7**
Nahrungsfasern in g	**7,2**
Natrium (mg)	**87,9**

Gemüsepuffer mit Pilzragout

Mahlzeit für 2 Personen

Puffer

- 200–250 g Lauch
- 100 g Karotten
- 1 Thymianzweiglein
- ½ Bund Petersilie
- ¼ roter Peperoncino/Pfefferschote
- 50 g Soja- oder Chinakohlsprossen
- 2 Eier
- 1 Bio-Zitrone, wenig abgeriebene Schale
- Meersalz, frisch gemahlener Pfeffer

- Olivenöl, zum Braten

Pilzragout

- 1 EL Olivenöl
- 1 Knoblauchzehe
- 200 g gemischte Pilze, z. B. Eierschwämmchen/Pfifferlinge, Shiitake
- wenig Gemüsebrühe
- 1 EL gehackte Petersilie
- Kräutermeersalz
- frisch gemahlener Pfeffer

- Sprossen, für die Garnitur

1 Grobfasrige Hüllblätter beim Lauch entfernen, Stangen längs halbieren und Hälften quer in Streifchen schneiden. Karotten schälen und grob raspeln. Thymianblättchen von den Stielen zupfen. Petersilie von den Stielen zupfen, hacken. Peperoncino aufschneiden, entkernen und in Streifchen schneiden. Sprossen grob hacken.

2 Lauch und Karotten im Dampf knackig garen, auskühlen lassen. Eier verquirlen, übrige Zutaten zufügen und vermengen, mit Salz und Pfeffer würzen.

3 Pilze trocken abreiben. Je nach Sorte in Streifen oder Scheiben schneiden. Knoblauchzehe zu den Pilzen pressen, im Olivenöl bei starker Hitze andünsten, wenig Gemüsebrühe zugeben, Pilze 2 bis 3 Minuten köcheln. Petersilie unterrühren, mit Kräutersalz und Pfeffer abschmecken. Warm halten.

4 Für die Puffer wenig Olivenöl in einer Bratpfanne erhitzen. Gemüsemasse esslöffelweise in die Pfanne geben, Puffer bei mittlerer Hitze beidseitig braten.

kcal	**313**
Fett in g	**18,6**
mehrfach ungesättigte Fettsäuren in g	**2,9**
einfach ungesättigte Fettsäuren in g	**11,4**
gesättigte Fettsäuren in g	**4,0**
Kohlenhydrate in g	**25,4**
Eiweiss (g)	**14,9**
Nahrungsfasern in g	**8,1**
Natrium (mg)	**125,7**

Gratinierter Fenchel sizilianische Art

Mahlzeit für 2 Personen

- 1 EL Olivenöl
- 1 kleine Zwiebel
- 1 Knoblauchzehe
- 400–500 g zarter Fenchel
- 2 dl/200 ml Gemüsebrühe
- 3 Tomaten, ca. 300 g, geschält
- 8 schwarze oder grüne Oliven
- ½ Bund Petersilie
- ½ Bund Basilikum
- frisch gemahlener Pfeffer
- Kräutermeersalz
- 4 gehäufte EL geriebener Sbrinz/Parmesan

1 Grobfasrige Teile beim Fenchel mit dem Sparschäler abschälen, längs in fingerdicke Scheiben schneiden. Zwiebel und Knoblauchzehe klein hacken.

2 In einer weiten Pfanne Zwiebeln und Knoblauch in einem Esslöffel Olivenöl goldgelb dünsten, Fenchel kurz mitdünsten, Gemüsebrühe zugeben, bei schwacher Hitze zugedeckt etwa 8 Minuten köcheln lassen. Brühe abgiessen, trinken oder für eine Suppe verwenden.

3 Backofen auf 220 °C vorheizen.

4 Stielansatz bei den Tomaten ausstechen, Tomaten in grosse Würfel schneiden, Kerne entfernen.

5 Fenchel in eine eingefettete Gratinform verteilen, Tomaten, Oliven und Kräuter darüber verteilen. Mit Pfeffer und Kräutersalz würzen, Sbrinz darüber streuen.

6 Gratin in der Mitte in den Ofen schieben, bei 220 °C rund 15 Minuten backen.

Variante

Das Gericht bekommt eine pikante Note, wenn man 4 gehackte Sardellenfilets untermischt.

kcal	**308**
Fett in g	**20,0**
mehrfach ungesättigte Fettsäuren in g	**2,6**
einfach ungesättigte Fettsäuren in g	**8,1**
gesättigte Fettsäuren in g	**7,8**
Kohlenhydrate in g	**15,8**
Eiweiss (g)	**15,9**
Nahrungsfasern in g	**9,0**
Natrium (mg)	**873,3**

Kartoffel-Kürbis-Püree

für 2 Personen

- 400 g mehligkochende Kartoffeln
- 300 g mehliger Kürbis
- Gemüsebrühe
- 1 EL Olivenöl oder Rapsöl
- geriebene Muskatnuss
- Meersalz
- frisch gemahlener Pfeffer
- 2 EL fein gehackte Petersilie

1 Kartoffeln schälen, klein würfeln. Kürbis entkernen, schälen, klein würfeln. Beides im Dampf oder in wenig Gemüsebrühe weich garen, etwa 20 Minuten. Gemüsebrühe abgiessen, auffangen. Topfinhalt durchs Passevite/die Flotte Lotte drehen.

2 Gemüsepüree und Olivenöl unter Rühren erhitzen, je nach Konsistenz mit aufgefangener Gemüsebrühe verdünnen. Würzen.

Variante

Kürbis durch Karotten ersetzen.

kcal	244
Fett in g	6,3
mehrfach ungesättigte Fettsäuren in g	0,7
einfach ungesättigte Fettsäuren in g	4,3
gesättigte Fettsäuren in g	0,9
Kohlenhydrate in g	39,2
Eiweiss (g)	6,2
Nahrungsfasern in g	6,3
Natrium (mg)	13,1

Schnelle Zucchinipuffer mit Pfefferminze

für 2 Personen

- 200 g Zucchini
- 1 kleine Zwiebel, klein gewürfelt
- 200 g mehligkochende Kartoffeln
- 1 Ei
- 1 EL Vollkornmehl
- 2 EL fein geschnittener Schnittlauch
- 4–6 Minzeblättchen, fein geschnitten
- frisch gemahlener Pfeffer
- Meersalz

- Olivenöl, zum Braten

1 Zucchini beidseitig kappen, auf der Röstiraffel reiben. Kartoffeln schälen, ebenfalls auf der Röstiraffel reiben. Alle Zutaten vermengen, pikant würzen.

2 In einer beschichteten Bratpfanne ein wenig Olivenöl erhitzen. Zucchini-Kartoffel-Masse mit einem Esslöffel portionieren, d. h. Klösse abstechen, in die Pfanne geben und bei schwacher Hitze auf beiden Seiten je 6 Minuten braten.

Tipp

Die Puffer schmecken auch kalt.

kcal	250
Fett in g	12,4
mehrfach ungesättigte Fettsäuren in g	1,7
einfach ungesättigte Fettsäuren in g	7,9
gesättigte Fettsäuren in g	2,4
Kohlenhydrate in g	24,6
Eiweiss (g)	9,2
Nahrungsfasern in g	3,9
Natrium (mg)	50,5

Orechiette mit Cima di Rapa

Mahlzeit für 2 Personen

- 150–200 g Orechiette ohne Ei
- Gemüsebrühe
- 400 g Cima di Rapa
- 1–2 Knoblauchzehen, in feinen Scheiben
- ⅓ roter Peperoncino/Pfefferschote, in feinen Ringen
- 4 EL Olivenöl
- Meersalz
- frisch gemahlener Pfeffer
- wenig geriebener Sbrinz/Pecorino

1 Cima di Rapa mit Stielen und Blütenknospen in etwa 1 cm breite Streifen schneiden.

2 Gemüsebrühe in einem grossen Topf aufkochen, Orechiette zufügen und 5 bis 7 Minuten garen, Cima di Rapa zufügen, weitere 5 bis 7 Minuten garen, abgiessen.

3 Orechiette-Gemüse mit Knoblauchscheiben, Peperoncini und Olivenöl mischen, abschmecken, Sbrinz darüberstreuen.

Varianten/Tipps

Cima di Rapa durch Brokkoli ersetzen. Auch den Stängel verwenden, den man schält und klein schneidet.

kcal	**633**
Fett in g	**26,4**
mehrfach ungesättigte Fettsäuren in g	**3,0**
einfach ungesättigte Fettsäuren in g	**17,4**
gesättigte Fettsäuren in g	**4,2**
Kohlenhydrate in g	**77,2**
Eiweiss (g)	**21,1**
Nahrungsfasern in g	**11,2**
Natrium (mg)	**73,2**

Peperoni-Tofu-Spiess mit Zwiebeln

für 2 Personen

- 200 g Tofu, evtl. schon gewürzt
- 2 kleine rote Peperoni/Gemüsepaprika
- Sojasauce
- Kräutermeersalz
- frisch gemahlener Pfeffer
- 4 kleine Zwiebeln, halbiert oder geviertelt
- 16–20 frische Lorbeer- oder Salbeiblätter
- 1 TL getrocknete Kräuter der Provence
- ½ Zitrone, Saft
- 2 EL Olivenöl

1. Tofu in etwa 3 cm grosse Würfel schneiden, mit Sojasauce, Kräutersalz und Pfeffer würzen. 30 Minuten marinieren.
2. Peperoni halbieren, Stielansatz und Kerne entfernen, Fruchthälften in 3 cm grosse Quadrate schneiden.
3. Backofen auf 220 °C vorheizen.
4. Tofu, Peperoni, Zwiebeln und Lorbeerblätter abwechselnd auf Spiesschen stecken. In eine mit Backpapier belegte Form legen. Spiesschen mit Sojasauce, Salz, Pfeffer, Kräutern der Provence, Zitronensaft und Olivenöl würzen.
5. Spiesschen im vorgeheizten Ofen bei 220 °C 30 bis 35 Minuten backen.

kcal	**269**
Fett in g	**15,5**
mehrfach ungesättigte Fettsäuren in g	**4,8**
einfach ungesättigte Fettsäuren in g	**7,7**
gesättigte Fettsäuren in g	**2,4**
Kohlenhydrate in g	**13,7**
Eiweiss (g)	**18,1**
Nahrungsfasern in g	**6,1**
Natrium (mg)	**36,9**

Gratinierte Brüsseler Endivie

für 2 Personen

- 3 Brüsseler Endivien
- Paniermehl/Semmelbrösel oder Kokosnussflocken oder geriebene Mandeln
- 1 Bund fein gehackte Petersilie
- 1 Bio-Zitrone, abgeriebene Schale
- 50 g geriebener Sbrinz/Pecorino
- frisch gemahlener schwarzer Pfeffer

1 Brüsseler Endivie putzen, längs halbieren, im Dampf etwa 10 Minuten garen.

2 Paniermehl, Petersilie, Zitronenschalen und Sbrinz mischen, mit Pfeffer abschmecken.

3 Backofen auf 200 °C vorheizen. Eine Gratinform mit Butter einfetten.

4 Brüsseler Endivien in die vorbereitete Form legen, Panade darüber verteilen. Im vorgeheizten Ofen bei 200 °C 15 Minuten gratinieren.

kcal	**199**
Fett in g	**12,3**
mehrfach ungesättigte Fettsäuren in g	**1,4**
einfach ungesättigte Fettsäuren in g	**3,9**
gesättigte Fettsäuren in g	**5,7**
Kohlenhydrate in g	**5,6**
Eiweiss (g)	**15,6**
Nahrungsfasern in g	**7,4**
Natrium (mg)	**346,6**

Mexikanische Peperoni-Mais-Pfanne

für 2 Personen

- 1 EL Olivenöl
- 1 kleine Zwiebel, klein gewürfelt
- 2 Knoblauchzehen, klein gewürfelt
- 2 grüne Peperoni/Gemüsepaprika
- ½ kleiner roter Peperoncino/Pfefferschote, nach Belieben
- ½ TL mittelscharfer Curry
- 125 g Maiskörner aus der Dose
- 3 reife Tomaten oder 1 kleine Dose Pelati
- 1 Zitronengrasstängel, nach Belieben
- 2 dl/200 ml Gemüsebrühe
- 2 Handvoll Spinat, 100 g
- Kräutermeersalz
- frisch gemahlener Pfeffer

1 Peperoni halbieren, Stielansatz und Kerne entfernen, Fruchhälften in Quadrate schneiden. Chilischote in feine Streifen schneiden. Stielansatz der Tomaten ausstechen, Früchte vierteln.

2 Zwiebeln, Knoblauch, Peperoni und Peperoncini im Olivenöl unter Rühren 5 Minuten dünsten. Curry darüberstreuen. Maiskörner, Tomaten und Zitronengras und Gemüsebrühe zugeben, bei mittlerer Hitze 8 bis 10 Minuten köcheln. Zitronengras entfernen. Kurz vor Ende der Garzeit Spinat zugeben und zusammenfallen lassen. Mit Kräutersalz und Pfeffer abschmecken.

Mahlzeit

Mit Streifen von Pouletbrust-/Hähnchenfleisch oder Lamm oder Fisch kombinieren, pro Person 100 g. Oder mit Fetakäse kombinieren, pro Person 50 g; über das fertige Gericht verteilen.

kcal	**200**
Fett in g	**9,4**
mehrfach ungesättigte Fettsäuren in g	**2,3**
einfach ungesättigte Fettsäuren in g	**5,0**
gesättigte Fettsäuren in g	**1,3**
Kohlenhydrate in g	**20,2**
Eiweiss (g)	**7,3**
Nahrungsfasern in g	**8,4**
Natrium (mg)	**314,1**

Zucchini-Frittata

Mahlzeit für 2 Personen

- 2–3 EL Olivenöl
- 2 Zucchini
- 1 Knoblauchzehe, ½ rote Zwiebel
- 1 kleiner mittelscharfer roter Peperoncino
- 2 EL fein geschnittenes Basilikum oder gehackte glattblättrige Petersilie oder Thymian oder Rosmarin
- 3 Eier, 2 EL Rahm/Sahne
- frisch gemahlener Pfeffer

- 1–2 EL Olivenöl, zum Braten

1 Backofen auf 220 °C vorheizen.

2 Zucchini beidseitig kappen, auf dem Gemüsehobel fein hobeln. Zwiebel klein würfeln. Peperoncino aufschneiden, entkernen, in Streifchen schneiden.

3 Zucchini, durchgepressten Knoblauch, Zwiebeln und Peperoncini im Olivenöl 3 bis 4 Minuten dünsten, abkühlen lassen. Kräuter untermischen.

4 Eier und Rahm verquirlen, Gemüse unterrühren, mit Pfeffer abschmecken.

5 Olivenöl in einer Bratpfanne erhitzen, Gemüsemasse zufügen, fest werden (stocken) lassen. Frittata im Ofen bei 220 °C 10 Minuten fertig backen.

kcal	386
Fett in g	31,9
mehrfach ungesättigte Fettsäuren in g	3,9
einfach ungesättigte Fettsäuren in g	18,6
gesättigte Fettsäuren in g	8,7
Kohlenhydrate in g	9,1
Eiweiss (g)	16,0
Nahrungsfasern in g	2,9
Natrium (mg)	143,5

Nudeln mit Lauchsauce

Mahlzeit für 2 Personen

- 160–200 g Vollkornnudeln

Sauce

- 1 TL Olivenöl
- 200 g weisser Lauch, in feinen Streifen
- ¼ TL milder Curry
- 1 EL Pinienkerne
- 1 EL Rosinen
- 2 EL Noilly Prat
- ½ dl/50 ml Gemüsebrühe
- 1 Limette, abgeriebene Schale

1 Lauch und Curry im Olivenöl andünsten, Pinienkerne und Rosinen unterrühren. Noilly Prat und Gemüsebrühe zugeben, kurz köcheln lassen. Kurz vor dem Servieren abgeriebene Limettenschale unterrühren.

2 Nudeln in einem grossen Topf in viel Salzwasser al dente kochen. Abgiessen.

3 Nudeln zur Lauchsauce geben, erhitzen.

kcal	499
Fett in g	9,9
mehrfach ungesättigte Fettsäuren in g	3,4
einfach ungesättigte Fettsäuren in g	3,8
gesättigte Fettsäuren in g	1,4
Kohlenhydrate in g	80,4
Eiweiss (g)	17,5
Nahrungsfasern in g	6,6
Natrium (mg)	58,5

Ricotta-Griess-Burger

für 2 Personen

- 250 g Ricotta
- 1 Ei
- 4 EL Vollkorngriess
- ½ unbehandelte Zitrone, abgeriebene Schale
- ½ Bund glattblättrige Petersilie, Blättchen von den Stielen gezupft, fein gehackt
- 1 Knoblauchzehe
- Meersalz, frisch gemahlener Pfeffer
- feine Haferflocken

- Olivenöl, zum Braten

1 Ricotta, Ei, Griess, abgeriebene Zitronenschale und Petersilie verrühren, Knoblauch dazupressen, mit Salz und Pfeffer würzen.

2 Aus der Ricottamasse mit einem Eisportionierer oder Esslöffel Kugeln respektive Klösse abstechen, mit Hilfe der Haferflocken 8 Burger formen.

3 Ricotta-Griess-Burger in beschichteter Bratpfanne in wenig Olivenöl bei mittlerer Hitze beidseitig je 4 bis 5 Minuten braten.

Mahlzeit

Mit gedünstetem Gemüse und einem bunten Blattsalat servieren. Die Burger schmecken auch kalt vorzüglich.

kcal	407
Fett in g	28,1
mehrfach ungesättigte Fettsäuren in g	1,9
einfach ungesättigte Fettsäuren in g	11,2
gesättigte Fettsäuren in g	13,8
Kohlenhydrate in g	20,3
Eiweiss (g)	18,4
Nahrungsfasern in g	4,1
Natrium (mg)	157,3

Kartoffelgratin mit Kräutern und Nüssen

Mahlzeit für 2 Personen

- 400–500 g festkochende Kartoffeln
- 2 dl/200 ml Gemüsebrühe
- 1 dl/100 ml Rahm/Sahne
- 2 Knoblauchzehen
- reichlich frische Kräuter, z. B. Majoran, Petersilie, Thymian, Rosmarin, Basilikum
- Kräutermeersalz
- frisch gemahlener Pfeffer
- 2 EL gehackte Baum-/Walnüsse oder Haselnüsse

1 Backofen auf 200 °C vorheizen.

2 Kartoffeln schälen und auf dem Gemüsehobel fein hobeln, mit Gemüsebrühe aufkochen.

3 Kartoffeln mit Gemüsebrühe und Rahm in die Gratinform verteilen. Knoblauchzehen dazupressen, mit Kräutern unterrühren, mit Kräutersalz und Pfeffer würzen. Nüsse darüberstreuen.

4 Das Kartoffelgratin im vorgeheizten Ofen bei 200 °C 20 bis 25 Minuten backen.

Mahlzeit

Mit Salat servieren.

kcal	424
Fett in g	24,8
mehrfach ungesättigte Fettsäuren in g	6,6
einfach ungesättigte Fettsäuren in g	6,7
gesättigte Fettsäuren in g	10,4
Kohlenhydrate in g	41,8
Eiweiss (g)	7,8
Nahrungsfasern in g	3,9
Natrium (mg)	156,5

Kartoffelpüree – Grundrezept

für 2 Personen

- 500 g mehligkochende Kartoffeln
- 2 EL Olivenöl oder Rapsöl
- Meersalz
- frisch gemahlener Pfeffer
- frisch geriebene Muskatnuss

1 Kartoffeln schälen, klein würfeln, im Dampf oder in wenig Gemüsebrühe weich garen. Gemüsebrühe abgiessen und auffangen. Kartoffeln durch das Passevite/die Flotte Lotte drücken.

2 Kartoffelpüree und Olivenöl unter Rühren erhitzen. Je nach Konsistenz mit aufgefangener Gemüsebrühe verdünnen. Würzen.

kcal	289
Fett in g	12,0
mehrfach ungesättigte Fettsäuren in g	1,1
einfach ungesättigte Fettsäuren in g	8,6
gesättigte Fettsäuren in g	1,7
Kohlenhydrate in g	39,1
Eiweiss (g)	4,9
Nahrungsfasern in g	3,1
Natrium (mg)	7,6

Spaghetti mit Kürbis-Tomaten-Sugo

Mahlzeit für 2 Personen

- 200–250 g Spaghetti

Sauce

- 2 EL Olivenöl
- 1 mittelgrosse Zwiebel
- 1 Knoblauchzehe
- 500 g fruchtiger Kürbis
- Kräuter, je nach Verfügbarkeit
- 1 Dose (250 g) Pelati
- 1–2 dl/100–200 ml Gemüsebrühe
- frisch gemahlener Pfeffer
- fein gehackte Petersilie

1 Kürbis schälen, entkernen, würfeln. Zwiebel und Knoblauchzehe würfeln. Kräuter hacken. Stielansatz der Pelati abschneiden, Tomaten zerkleinern.

2 Zwiebeln und Knoblauch im Olivenöl andünsten, Kürbis, gehackte Kräuter, Tomaten und Gemüsebrühe zugeben, etwa 12 Minuten köcheln lassen. Mit Pfeffer abschmecken. Petersilie unterrühren.

3 In einem Topf reichlich Salzwasser erhitzen, Spaghetti zufügen, al dente kochen. Abgiessen. Zur Sauce geben, vermengen.

kcal	**577**
Fett in g	**16,4**
mehrfach ungesättigte Fettsäuren in g	**2,8**
einfach ungesättigte Fettsäuren in g	**9,2**
gesättigte Fettsäuren in g	**2,4**
Kohlenhydrate in g	**87,9**
Eiweiss (g)	**17,9**
Nahrungsfasern in g	**10,2**
Natrium (mg)	**94,2**

Spargel-Risotto mit Frischkäse

Mahlzeit für 2 Personen

- 2 EL Olivenöl
- 1 kleine Zwiebel, klein gewürfelt
- 160 g Risottoreis
- 1 Bund Wildspargel, ca. 500 g
- ½ dl/50 ml Weisswein
- 4 dl/400 ml Gemüsebrühe
- Zitronenthymian oder Thymian, nach Belieben
- frisch gemahlener Pfeffer
- 100 g Ziegen- oder anderer Frischkäse

1 Schnittstelle beim Spargel grosszügig kappen, Stangen quer halbieren.

2 Zwiebeln im Olivenöl andünsten, Spargel und Reis kurz mitdünsten, Weisswein und Gemüsebrühe zugeben, aufkochen. Köcheln lassen, bis der Reis gar ist. Mit Zitronenthymian und Pfeffer abschmecken. Kurz vor dem Servieren Ziegenfrischkäse unter den heissen Risotto rühren.

Varianten

Im Sommer Spargel durch grüne Erbsen oder Kefen/Zuckerschoten, im Herbst und Winter durch Kürbis und den Thymian durch Petersilie ersetzen. Mit wenig frisch geriebenem Sbrinz bestreuen.

kcal	**600**
Fett in g	**25,9**
mehrfach ungesättigte Fettsäuren in g	**3,2**
einfach ungesättigte Fettsäuren in g	**10,0**
gesättigte Fettsäuren in g	**11,2**
Kohlenhydrate in g	**70,5**
Eiweiss (g)	**16,6**
Nahrungsfasern in g	**5,8**
Natrium (mg)	**431,9**

Grünes Kartoffepüree mit gebratenen Pilzen

Mahlzeit für 2 Personen

Katroffelpüree

- 600 g mehligkochende Kartoffeln
- 100 g Rucola, etwa 1 Bund, oder 100 g Kresse
- 3 EL Olivenöl
- 1½–2 dl/150–200 ml heisse Milch
- Meersalz
- wenig Muskatnuss

Pilze

- 1 EL Olivenöl
- 200 g Marktpilze
- Kräutermeersalz
- frisch gemahlener Pfeffer

1 Kartoffeln schälen, in Würfel schneiden. Rucola von den Stielen zupfen, fein schneiden.

2 Kartoffeln im Dampf weich garen. Heiss durch das Passevite/die Flotte Lotte drücken. Rucola im Olivenöl 1 bis 2 Minuten dünsten, zusammen mit heisser Milch unter das Kartoffelpüree rühren. Abschmecken mit Salz und Muskatnuss. Warm halten.

3 Pilze putzen, je nach Grösse halbieren, vierteln oder in Scheiben schneiden. Pilze im Olivenöl 2 bis 3 Minuten braten, würzen.

4 Kartoffelpüree anrichten, mit Pilzen umgeben.

Variante

Rucola durch eine kleine Lauchstange ersetzen. Grobfasrige Blätter beim Lauch entfernen, Stange in feine Ringe schneiden, im Olivenöl dünsten, Gemüsebrühe zugeben, 5 Minuten köcheln lassen. Lauch und Milch unter den Kartoffelstock rühren. Würzen.

Serviervorschlag

Mit einem Saisonsalat servieren.

kcal	**514**
Fett in g	**27,3**
mehrfach ungesättigte Fettsäuren in g	**2,6**
einfach ungesättigte Fettsäuren in g	**17,7**
gesättigte Fettsäuren in g	**5,3**
Kohlenhydrate in g	**52,0**
Eiweiss (g)	**13,8**
Nahrungsfasern in g	**6,4**
Natrium (mg)	**64,5**

Tagliatelle mit Dörrtomatenpesto und gebratenen Peperoni

Mahlzeit für 2 Personen

- 200 g frische Tagliatelle/Nudeln
- Olivenöl, zum Braten
- 150 g sehr kleine grüne Peperoni/Gemüse-paprika
- 10 Cherrytomaten, halbiert

Pesto

- 50 g getrocknete Tomaten, ohne Öl
- 30 g glattblättrige Petersilie, entstielt
- ½ dl/50 ml Olivenöl
- 2–3 EL Nudelkochwasser

1 Getrocknete Tomaten, Petersilie und Olivenöl zu einem nicht zu feinen Pesto mixen.

2 Peperoni waschen, trocknen. Ganze Früchte mit Stiel in einer Bratpfanne im Olivenöl langsam etwa 12 Minuten braten, häufig wenden. Cherrytomaten 1 bis 2 Minuten mitbraten.

3 In einem Topf reichlich Salzwasser aufkochen, Tagliatelle zufügen, 3 bis 4 Minuten kochen. 2 bis 3 Esslöffel Nudelkochwasser unter den Pesto rühren. Tagliatelle abgiessen, mit Pesto und Peperoni-Tomaten-Mix vermengen.

kcal	**718**
Fett in g	**34,8**
mehrfach ungesättigte Fettsäuren in g	**4,4**
einfach ungesättigte Fettsäuren in g	**22,6**
gesättigte Fettsäuren in g	**5,1**
Kohlenhydrate in g	**82,3**
Eiweiss (g)	**18,1**
Nahrungsfasern in g	**10,1**
Natrium (mg)	**34,8**

Tofu-Gemüse-Burger

für 2 Personen

- 1 EL Olivenöl
- 1 kleine Zwiebel, klein gehackt
- 1 Knoblauchzehe, durchgepresst
- 150 g Gemüse, z. B. Lauch, Knollensellerie, Karotten, fein gerieben
- 1 EL fein gehackte Petersilie
- 150 g Tofu
- 1 Ei
- Kräutermeersalz
- frisch gemahlener Pfeffer
- 1 Prise scharfer Curry
- 1 EL Sojasauce

- Olivenöl, zum Braten

1 Zwiebeln, Knoblauch und Gemüse im Olivenöl 3 bis 4 Minuten dünsten, abkühlen lassen.

2 Tofu mit einer Gabel zerdrücken, mit Gemüse und Ei mischen, pikant würzen (der Tofu hat wenig Eigenaroma und braucht Würze).

3 Tofumasse mit einem Eisportionierer oder einem Esslöffel in 6 bis 8 Portionen teilen. Von Hand Burger formen. Die Masse ist relativ weich, sie wird aber durch das Braten fester. Dank dem Gemüse trocknet der Burger nicht aus. In einer Bratpfanne Olivenöl erhitzen, Burger bei schwacher Hitze braten, auf beiden Seiten je 5 Minuten.

Mahlzeit

Mit gedämpftem Gemüse und eventuell mit wenig Reis oder im Dampf gegarten Kartoffeln sowie Salat servieren. Die Tofuburger können auch kalt gegessen werden.

kcal	290
Fett in g	19,6
mehrfach ungesättigte Fettsäuren in g	4,7
einfach ungesättigte Fettsäuren in g	10,9
gesättigte Fettsäuren in g	3,6
Kohlenhydrate in g	11,1
Eiweiss (g)	17,5
Nahrungsfasern in g	4,3
Natrium (mg)	152,5

Zarte Lauchpuffer mit Hirseflocken

für 2 Personen

- 1 TL Olivenöl
- 50 g grüner Lauch
- 1 kleines Ei
- 2 EL Milch
- 50 g Hirseflocken
- 1 EL geriebener Käse
- Kräutermeersalz
- geriebene Muskatnuss
- frisch gemahlener Pfeffer

- Olivenöl, zum Braten

1 Lauch in feine Streifen schneiden, im Olivenöl andünsten, auskühlen lassen.
2 Alle Zutaten mischen, die Masse würzen.
3 In einer beschichteten Bratpfanne wenig Olivenöl erhitzen, Masse mit einem Löffel portionieren und direkt in die Pfanne geben, leicht flach drücken. Bei schwacher Hitze braten.

Mahlzeit

Mit gedämpftem Gemüse oder mit Salat servieren.

kcal	**279**
Fett in g	**18,5**
mehrfach ungesättigte Fettsäuren in g	**2,2**
einfach ungesättigte Fettsäuren in g	**10,9**
gesättigte Fettsäuren in g	**4,7**
Kohlenhydrate in g	**19,2**
Eiweiss (g)	**9,1**
Nahrungsfasern in g	**1,5**
Natrium (mg)	**90,2**

Sesamkartoffeln mit Frischkäsesauce

Mahlzeit für 2 Personen

- 400–500 g Frühkartoffeln
- 2 EL geschälte (weisse) Sesamsamen
- Meersalz
- wenig Olivenöl, für die Form

Käsesauce

- 100 g Frischkäse, Ziegenfrischkäse oder Gervais oder Quark
- 1 kleine, reife Avocado
- 1 EL Zitronensaft
- ½–1 EL Olivenöl, je nach Fettanteil im Käse
- 1 Bund Schnittlauch, fein geschnitten
- 2 EL fein gehackte Petersilie
- frisch gemahlener Pfeffer

1 Kartoffeln ungeschält längs halbieren. Schale ein paar Mal schräg einschneiden. Schnittfläche in die Sesamsamen drücken. Kartoffelhälften mit der Schnittfläche unten auf ein mit Kräutersalz bestreutes und mit Backpapier belegtes Backblech legen. Mit ein wenig Olivenöl bepinseln. Bei 220 °C 20 bis 25 Minuten backen, je nach Grösse der Kartoffeln.

2 Frischkäse mit einer Gabel zerdrücken. Avocado halbieren und entsteinen, Fruchtfleisch aus der Schale lösen und mit einer Gabel zerdrücken. Zutaten für die Sauce sofort vermengen. Mit Pfeffer abschmecken.

Mahlzeit

Mit einem bunten Salat servieren.

kcal	**610**
Fett in g	**42,3**
mehrfach ungesättigte Fettsäuren in g	**2,9**
einfach ungesättigte Fettsäuren in g	**16,1**
gesättigte Fettsäuren in g	**13,7**
Kohlenhydrate in g	**41,1**
Eiweiss (g)	**16,2**
Nahrungsfasern in g	**12,1**
Natrium (mg)	**206,6**

Spaghetti mit Sesampesto

Mahlzeit für 2 Personen

- 160–200 g Spaghetti

Pesto

- ½ dl/50 ml Olivenöl
- 1 Bund Basilikum, Blättchen von den Stielen gezupft
- einige Zweiglein glattblättrige Petersilie, von den Stielen gezupft
- 30 g weisse (geschälte) Sesamsamen
- 30 g Kürbiskerne
- 2 Knoblauchzehen, durchgepresst
- 0,6 dl/60 ml lauwarmes Wasser
- 1 TL Instant-Gemüsebrühepulver
- frisch gemahlener Pfeffer
- Meersalz

- Petersilie, für die Garnitur
- einige Sbrinz- oder Pecorino- oder Parmesanspäne, nach Belieben

1 Für den Pesto sämtliche Zutaten mixen/pürieren, mit Salz und Pfeffer abschmecken.

2 In einem grossen Topf reichlich Salzwasser erhitzen, Spaghetti al dente kochen. In ein Sieb abgiessen, sofort mit dem Pesto vermengen.

3 Spaghetti anrichten. Mit der Petersilie garnieren.

kcal	**838**
Fett in g	**42,6**
mehrfach ungesättigte Fettsäuren in g	**6,0**
einfach ungesättigte Fettsäuren in g	**20,9**
gesättigte Fettsäuren in g	**5,5**
Kohlenhydrate in g	**87,6**
Eiweiss (g)	**26,2**
Nahrungsfasern in g	**8,1**
Natrium (mg)	**476,6**

Blumenkohl-Brokkoli-Curry mit Cashewnüssen

für 2 Personen

- 1 EL Olivenöl
- 1 kleine Zwiebel, klein gehackt
- 500–600 g Brokkoli- und Blumenkohlröschen, gemischt
- 1 TL mittelscharfer Curry
- ½ TL Green-Curry-Paste
- 2½ dl/250 ml Gemüsebrühe
- 1 dl/100 ml Kokosnussmilch
- Meersalz
- 1 EL trocken geröstete Cashewnüsse

Zwiebeln im Sesamöl andünsten, Blumenkohl und Brokkoliröschen sowie Curry mitdünsten, mit Gemüsebrühe ablöschen, aufkochen und bei schwacher Hitze etwa 6 Minuten köcheln lassen. Kokosnussmilch zugeben, weitere 6 Minuten köcheln lassen. Das Gemüse soll noch Biss haben. Mit Salz abschmecken. Mit Cashewnüssen bestreuen.

Mahlzeit

Mit Sesamkartoffeln oder Naturreis servieren.

kcal	**216**
Fett in g	**12,8**
mehrfach ungesättigte Fettsäuren in g	**2,5**
einfach ungesättigte Fettsäuren in g	**7,3**
gesättigte Fettsäuren in g	**2,3**
Kohlenhydrate in g	**12,1**
Eiweiss (g)	**13,2**
Nahrungsfasern in g	**10,0**
Natrium (mg)	**259,4**

Spinat-Ricotta-Bratlinge

für 2 Personen

- 300 g Spinat
- 125 g Ricotta
- ½ verquirltes Ei
- 20 g geriebener Käse
- 1 Knoblauchzehe, durchgepresst
- frisch gemahlener Pfeffer
- Kräutermeersalz, Muskatnuss

- Olivenöl, zum Braten

1 Spinat im Dampf zusammenfallen lassen, in ein Sieb abgiessen, gut ausdrücken, grob hacken.
2 Spinat, Ricotta, Ei, Käse und durchgepressten Knoblauch vermengen, würzen.
3 In einer beschichteten Bratpfanne ein wenig Olivenöl erhitzen. Spinat-Ricotta-Masse mit einem Esslöffel portionieren und direkt in die Pfanne geben. Bratlinge bei mittlerer Hitze auf jeder Seite 5 Minuten braten.

Wichtig

Der Spinat muss ziemlich trocken sein, damit die Masse bindet.

Mahlzeit

Mit Naturreis servieren.

kcal	**253**
Fett in g	**20,1**
mehrfach ungesättigte Fettsäuren in g	**1,5**
einfach ungesättigte Fettsäuren in g	**8,5**
gesättigte Fettsäuren in g	**9,2**
Kohlenhydrate in g	**2,8**
Eiweiss (g)	**14,7**
Nahrungsfasern in g	**2,8**
Natrium (mg)	**233,6**

Tomaten mit Roquefort-Spinat-Füllung

für 2 Personen

- 4 sonnengereifte Tomaten

Füllung

- 1 EL Olivenöl
- 1 kleine Zwiebel, klein gehackt
- 1 Knoblauchzehe, durchgepresst
- 200 g Blattspinat
- frisch gemahlener Pfeffer
- Kräutermeersalz
- 100 g Roquefort oder Feta, klein gewürfelt
- 1 EL fein geschnittenes Basilikum

- 2–3 EL geriebener Käse, z. B. Sbrinz oder Pecorino

1 Backofen auf 180 °C vorheizen.

2 Tomaten quer halbieren, mit einem kleinen Löffel aushöhlen. Das Fleisch für eine Sauce oder eine Suppe verwenden. Tomatenhälften in eine eingeölte Gratinform stellen.

3 Zwiebeln und Knoblauch im Olivenöl andünsten. Spinat zugeben, zusammenfallen lassen. Mit Kräutersalz und Pfeffer abschmecken. Spinat in einem Sieb abtropfen lassen, fein hacken. Käse und Basilikum untermischen. Masse in die Tomatenhälften füllen. Mit dem Käse bestreuen.

4 Tomaten im vorgeheizten Backofen bei 180 °C 15 bis 20 Minuten überbacken.

Mahlzeit

Mit Bratkartoffeln servieren.

kcal	**338**
Fett in g	**26,2**
mehrfach ungesättigte Fettsäuren in g	**1,5**
einfach ungesättigte Fettsäuren in g	**8,8**
gesättigte Fettsäuren in g	**13,5**
Kohlenhydrate in g	**6,0**
Eiweiss (g)	**19,0**
Nahrungsfasern in g	**3,7**
Natrium (mg)	**899,1**

Zucchini alla Parmigiana

für 2 Personen

Tomatensauce

- 2 Knoblauchzehen, fein gehackt
- 500 g geschälte Tomaten oder 400 g Pelati
- ½ Bund Basilikum
- frischer Thymian oder Provencekräuter
- Kräutermeersalz
- frisch gemahlener Pfeffer

Zucchini

- 1 TL Olivenöl
- 400 g Zucchini
- Kräutermeersalz
- frisch gemahlener Pfeffer
- Olivenöl, für die Form

- 50 g geriebener Sbrinz oder Parmesan oder Pecorino

1 Stielansatz bei den Tomaten ausstechen, Tomaten hacken.

2 Knoblauch und Tomaten unter häufigem Rühren weich garen, 5 bis 7 Minuten. Kräuter fein schneiden respektive hacken und unterrühren. Mit Kräutersalz und Pfeffer würzen.

3 Zucchini beidseitig kappen, in etwa 5 mm dicke Scheiben schneiden. Zucchinischeiben im Olivenöl in einer beschichteten Bratpfanne knusprig braten, würzen.

4 Backofen auf 180 °C vorheizen.

5 Eine Gratinform mit Öl einpinseln. Boden mit Tomatensauce bedecken. Darauf eine Lage Zucchinischeiben legen, mit Tomatensauce bedecken, mit einer Lage Zucchinischeiben abschliessen. Mit Sbrinz bestreuen.

6 Zucchinigratin im vorgeheizten Ofen bei 180 °C etwa 25 Minuten backen.

Mahlzeit

Mit Reis oder Nudeln oder im Dampf gegarten Kartoffeln servieren.

kcal	**234**
Fett in g	**11,5**
mehrfach ungesättigte Fettsäuren in g	**1,2**
einfach ungesättigte Fettsäuren in g	**3,5**
gesättigte Fettsäuren in g	**5,8**
Kohlenhydrate in g	**16,2**
Eiweiss (g)	**15,4**
Nahrungsfasern in g	**4,8**
Natrium (mg)	**233,7**

Gemüsespiess nach Florentiner Art

für 2 Personen

- ca. 500 g gemischtes Gemüse, z. B. mittelgrosse Zucchini, Peperoni/Gemüsepaprika, Kürbis (Butternut oder Muscade de Provence oder Potimarron)
- 2 Zwiebeln, geviertelt
- Cherrytomaten
- einige Champignons
- Kräutermeersalz
- frisch gemahlener Pfeffer
- einige Salbeiblätter
- 1 Thymian- oder Rosmarinzweig
- frische Lorbeerblätter
- 1–2 EL Olivenöl

Kräutersauce

- 100 g Magerquark
- wenig Gemüsebrühe
- 1 kleine Zitrone, Saft
- 4 EL Olivenöl
- ½ Bund glattblättrige Petersilie, Blättchen abgezupft und fein gehackt
- 1 Knoblauchzehe, durchgepresst
- Kräutermeersalz

1 Backofen auf 220 °C vorheizen.

2 Zucchini in etwa 2 cm dicke Scheiben schneiden. Peperoni halbieren, Stielansatz und Kerne entfernen, Fruchthälften in 3 cm grosse Quadrate schneiden. Kürbis entkernen und schälen, in 2 cm grosse Würfel schneiden.

3 Gemüse, Zwiebeln, Tomaten, Pilze und Kräuter abwechselnd auf die Spiesse stecken.

4 Eine Gratinform oder ein Backblech mit Backpapier belegen. Spiesse darauflegen. Mit Kräutersalz, Pfeffer, Kräutern und Olivenöl würzen.

5 Gemüsespiesse im Ofen bei 220 °C etwa 20 Minuten backen. Die Backdauer ist abhängig von der Grösse der Gemüsewürfel und dem gewünschten Gargrad des Gemüses.

6 Zutaten für die Sauce glatt rühren. Mit Kräutersalz abschmecken.

Mahlzeit

Mit Ofenkartoffeln oder Reis servieren.

Varianten

Die Spiesse schmecken auch wunderbar mit Feta, Oliven und Pilzen.

kcal	**419**
Fett in g	**31,2**
mehrfach ungesättigte Fettsäuren in g	**3,4**
einfach ungesättigte Fettsäuren in g	**21,5**
gesättigte Fettsäuren in g	**4,6**
Kohlenhydrate in g	**19,9**
Eiweiss (g)	**14,4**
Nahrungsfasern in g	**8,4**
Natrium (mg)	**62,7**

Nudeln mit Tomaten-Ingwer-Zwiebel-Sugo

Mahlzeit für 2 Personen

- 160–200 g Nudeln ohne Ei

Sugo

- 1–2 EL Olivenöl
- 1 weisse Zwiebel, in feinen Scheiben oder fein gehobelt
- 400 g erntefrische Tomaten
- frisch gemahlener Pfeffer
- Meersalz
- 2 cm Ingwerwurzel, geschält
- 2 EL Olivenöl, zum Abschmecken

1 Tomaten schälen, Stielansatz ausstechen, Tomaten in Schnitze schneiden.

2 Zwiebelscheiben im Olivenöl 5 Minuten dünsten, sie dürfen nicht braun werden. Tomaten zugeben, kurz erwärmen, mit Pfeffer und Salz würzen. Frischen Ingwer auf einer feinen Reibe zu den Tomaten reiben. Das Gericht darf und sollte nach Ingwer schmecken. Eine exotische, aber sehr schmackhafte Kombination. Mit Olivenöl abrunden.

3 Nudeln im Salzwasser al dente kochen. Abgiessen. Zur Sauce geben und vermengen.

kcal	**538**
Fett in g	**25,5**
mehrfach ungesättigte Fettsäuren in g	**2,9**
einfach ungesättigte Fettsäuren in g	**17,3**
gesättigte Fettsäuren in g	**3,7**
Kohlenhydrate in g	**64,2**
Eiweiss (g)	**12,3**
Nahrungsfasern in g	**5,9**
Natrium (mg)	**17,1**

Karottensoufflée

für 2 Personen

für 4 kleine Soufflééförmchen

- ½ EL Olivenöl oder Rapsöl
- 350 g Karotten
- 1 kleine Zwiebel
- ½ cm Ingwerwurzel oder wenig Ingwerpulver
- 2 dl/200 ml Gemüsebrühe
- 2 kleine Eier
- 2 EL geriebener Käse
- 2 EL fein gehackte glattblättrige Petersilie
- ½ Bio-Zitrone, abgeriebene Schale, oder 1 TL Limonenöl
- Kräutermeersalz
- frisch gemahlener Pfeffer

1 Backofen auf 180 °C vorheizen.

2 Karotten schälen und in Scheiben schneiden, Zwiebel klein würfeln. Ingwer schälen und fein reiben.

3 Karotten, Zwiebeln und Ingwer im Olivenöl andünsten, Brühe zugeben, aufkochen, bei schwacher Hitze köcheln, bis die Karotten gar sind und die Flüssigkeit fast eingekocht ist. Etwas auskühlen lassen.

4 Die leicht ausgekühlten Karotten mit Eiern und Käse grob pürieren. Petersilie unterrühren. Mit Zitronenschale, Kräutersalz und Pfeffer würzen. In die mit Butter eingefetteten Souffléeförmchen füllen.

5 Förmchen in eine Gratinform stellen. Bis auf drei Viertel Höhe mit Wasser füllen, Soufflées im vorgeheizten Ofen bei 180 °C 25 bis 30 Minuten pochieren.

Mahlzeit

Mit im Dampf gegarten Kartoffeln oder Reis und Salat servieren.

kcal	**252**
Fett in g	**15,1**
mehrfach ungesättigte Fettsäuren in g	**2,8**
einfach ungesättigte Fettsäuren in g	**6,6**
gesättigte Fettsäuren in g	**5,5**
Kohlenhydrate in g	**15,3**
Eiweiss (g)	**13,4**
Nahrungsfasern in g	**6,6**
Natrium (mg)	**341,6**

Gemüsecurry mit Bohnen und Kürbis

Mahlzeit für 2 Personen

- 1 EL Olivenöl
- 1 kleine Zwiebel
- 1 Knoblauchzehe
- ca. ½ kleine Chilischote, je nach gewünschter Schärfe (bei Verwendung von Green Curry weglassen)
- 100 g Karotten
- 200 g grüne Bohnen oder Kefen/Zuckerschoten
- 1 Handvoll frische oder tiefgekühlte Erbsen
- 1 TL mittelscharfer Curry oder Green-Curry-Paste
- 4 dl/400 ml Gemüsebrühe
- 200 g festkochende Kartoffeln
- 250 g Kürbis, z. B. Butternut oder Potimarron
- 1 kleine Dose Pelati, Stielansatz entfernt, grob gehackt
- wenig Kokosnussmilch, nach Belieben
- wenig geriebener Ingwer, nach Belieben

1 Zwiebel in Scheiben schneiden, Knoblauchzehe und Chili fein würfeln. Karotten, Kartoffeln und entkernten Kürbis schälen und würfeln. Stielansatz der Bohnen abknipsen, Bohnen eventuell quer halbieren.

2 Zwiebeln im Olivenöl andünsten. Knoblauch, Chili, Karotten und Bohnen zugeben und mitdünsten. Mit Curry würzen, Gemüsebrühe zugeben, aufkochen, 10 Minuten bei schwacher Hitze köcheln, dann Kartoffeln, Kürbis und Tomaten zugeben, köcheln, bis das Gemüse gar ist. Erbsen unterrühren. Nach Belieben mit Kokosnussmilch verfeinern und frisch geriebenem Ingwer abschmecken.

kcal	**317**
Fett in g	**10,7**
mehrfach ungesättigte Fettsäuren in g	**3,2**
einfach ungesättigte Fettsäuren in g	**5,4**
gesättigte Fettsäuren in g	**1,6**
Kohlenhydrate in g	**41,8**
Eiweiss (g)	**11,4**
Nahrungsfasern in g	**12,5**
Natrium (mg)	**554,4**

Lauchrisotto mit Pilzen

Mahlzeit für 2 Personen

- 150 g Vollkornreis
- 5–6 dl/500–600 ml Wasser
- 1 EL Olivenöl
- 1 Zwiebel, klein gewürfelt
- 1 Knoblauchzehe, durchgepresst
- 1 mittelgrosse Lauchstange, in Streifen
- 1 dl/100 ml Weisswein
- Meersalz
- Instant-Gemüsebrühepulver
- 1–2 EL geriebener Käse, nach Belieben

- 1 EL Olivenöl
- 125 g Pilze: Shiitake, Champignons oder Austernpilze

1 Reis und Wasser aufkochen, 2 Minuten sprudelnd kochen, auf der ausgeschalteten Wärmequelle zugedeckt 30 Minuten ausquellen lassen.

2 Zwiebeln und Knoblauch im Olivenöl andünsten, Lauch zugeben und kurz mitdünsten, mit Weisswein ablöschen. Reis unterrühren, etwa 5 Minuten köcheln. Mit Salz und Gemüsebrühepulver würzen. Der Reis soll sämig sein, je nach Konsistenz mit Wasser verdünnen. Kurz vor dem Servieren mit dem geriebenen Käse verfeinern.

3 Pilze je nach Grösse halbieren oder vierteln. Austernpilze in Streifen schneiden. Eine Bratpfanne aufheizen. Öl und Pilze in die Pfanne geben und kräftig anbraten, unter den Reis rühren.

kcal	**452**
Fett in g	**11,6**
mehrfach ungesättigte Fettsäuren in g	**1,1**
einfach ungesättigte Fettsäuren in g	**5,9**
gesättigte Fettsäuren in g	**4,0**
Kohlenhydrate in g	**64,3**
Eiweiss (g)	**13,9**
Nahrungsfasern in g	**4,2**
Natrium (mg)	**524,8**

Mahlzeiten mit Fisch

Lachsforelle mit Zwiebeln und Zitronen

für 2 Personen

- 1 ganze Lachsforelle, ca. 450 g
- Kräutermeersalz
- 2 Rosmarinzweige
- 1 kleiner Zweig Thymian, nach Belieben
- 1 Bio-Zitrone oder -Orange, in feinen Scheiben
- 1 kleine Zwiebel, in feinen Ringen
- 2–3 EL Olivenöl

1 Backofen auf 200 °C vorheizen.

2 Fisch vom Fischhändler ausnehmen und schuppen lassen. Lachsforelle salzen und in eine leicht geölte oder mit Backpapier ausgelegte Gratinform legen. Mit Rosmarin, Thymian, Zwiebeln und Zitronenscheiben belegen. Mit Olivenöl beträufeln.

3 Lachsforelle im vorgeheizten Ofen bei 200 °C 25 bis 30 Minuten schmoren.

Mahlzeit

Mit einem Blattsalat oder gedämpftem Gemüse und nach Belieben mit Ofenkartoffeln servieren.

Varianten

Nach dem gleichen Rezept können auch Wolfbarsch, Forelle usw. zubereitet werden. Zitronen- durch Orangenscheiben ersetzen. Filetierten Fisch am Tisch mit wenig Limonen- oder Orangenöl beträufeln.

kcal	319
Fett in g	15,2
mehrfach ungesättigte Fettsäuren in g	2,5
einfach ungesättigte Fettsäuren in g	8,8
gesättigte Fettsäuren in g	2,9
Kohlenhydrate in g	8,3
Eiweiss (g)	35,9
Nahrungsfasern in g	2,2
Natrium (mg)	118,3

Pikanter Lauch-Curry mit Krevetten

für 2 Personen

- 1 EL Olivenöl
- 400 g Lauch
- 1 kleine Zwiebel, fein gehackt
- 1 Knoblauchzehe, fein gehackt
- 1 TL mittelscharfer Curry
- 2 EL Weisswein, 2 TL Sojasauce
- wenig Gemüsebrühe
- Meersalz, frisch gemahlener Pfeffer

- 250 g geschälte Krevetten/Garnelen
- wenig Olivenöl, zum Braten
- Kräutermeersalz

- ½ Zitrone, Saft

1 Beim Lauch zähe Hüllblätter entfernen, Stangen längs halbieren, quer in Streifchen schneiden.

2 Lauch, Zwiebeln und Knoblauch im Öl andünsten. Curry zugeben, mit Wein, Sojsauce und Gemüsebrühe ablöschen, knackig dünsten. Abschmecken.

3 Krevetten würzen, im Olivenöl kurz braten.

4 Krevetten auf Lauch-Curry anrichten, mit Zitronensaft beträufeln.

Mahlzeit

Mit Vollreis oder Dampfkartoffeln servieren.

kcal	361
Fett in g	22,5
mehrfach ungesättigte Fettsäuren in g	6,9
einfach ungesättigte Fettsäuren in g	11,1
gesättigte Fettsäuren in g	3,2
Kohlenhydrate in g	11,3
Eiweiss (g)	25,6
Nahrungsfasern in g	5,2
Natrium (mg)	2480,8

Meerfisch auf Gemüse

Mahlzeit für 2 Personen

- 600 g Gemüse, z. B. Karotten, Lauch, Brokkoli, Sojasprossen, Kohlrabi, Weisskabis/-kohl, Kefen/Zuckerschoten, Blumenkohl
- wenig Gemüsebrühe
- 1 TL Zitronensaft
- Kräutermeersalz
- 1 EL frisch geriebener Ingwer

- 400 g festkochende Fischfilets, z. B. Zander
- Meersalz
- frisch gemahlener Pfeffer

- Olivenöl oder Limonenöl

1 Gemüse putzen/schälen, in mundgerechte Stücke schneiden/brechen. Mit wenig Gemüsebrühe und Zitronensaft in die Pfanne geben, bei schwacher Hitze 5 Minuten garen, würzen mit Kräutersalz und Ingwer.

2 Fischfilets mit Salz und Pfeffer würzen, einrollen, mit einem Zahnstocher fixieren, Röllchen auf das Gemüse legen, 10 Minuten pochieren. Anrichten. Mit Olivenöl oder Limonenöl beträufeln.

kcal	**329**
Fett in g	**8,4**
mehrfach ungesättigte Fettsäuren in g	**1,5**
einfach ungesättigte Fettsäuren in g	**4,7**
gesättigte Fettsäuren in g	**1,4**
Kohlenhydrate in g	**16,4**
Eiweiss (g)	**46,1**
Nahrungsfasern in g	**9,4**
Natrium (mg)	**109,7**

Penne mit Frischlachs und Rucola

Mahlzeit für 2 Personen

- 180 g Vollkornpenne

- 2 EL Olivenöl
- 1–2 Knoblauchzehen, grob gehackt oder durchgepresst
- 200 g Bio-Frischlachs, gewürfelt
- Meersalz
- frisch gemahlener Pfeffer
- ½ EL Zitronensaft
- 1 kleiner Bund Rucola, in Streifen
- ½ kleine, reife Avocado
- Olivenöl, zum Abschmecken
- Cherrytomaten, nach Belieben

1 Knoblauch in einer beschichteten Bratpfanne im Olivenöl goldgelb dünsten, Fischwürfel zugeben, mit Salz, Pfeffer und Zitronensaft abschmecken. Kurz weiterdünsten, damit der Fisch durch und durch heiss wird.

2 Avocado schälen, halbieren und entsteinen, Fruchthälften würfeln.

3 Penne in reichlich Salzwasser al dente kochen. In ein Sieb abgiessen, sofort mit Lachs, Rucola und Avocados mischen. Mit ein paar Tropfen Olivenöl abschmecken. Nach Belieben mit halbierten oder geviertelten Cherrytomaten garnieren. Sofort servieren.

Mahlzeit

Mit einem Saisonsalat servieren.

kcal	**711**
Fett in g	**33,8**
mehrfach ungesättigte Fettsäuren in g	**6,0**
einfach ungesättigte Fettsäuren in g	**18,0**
gesättigte Fettsäuren in g	**6,3**
Kohlenhydrate in g	**68,1**
Eiweiss (g)	**33,0**
Nahrungsfasern in g	**8,1**
Natrium (mg)	**43,1**

Meeresfrüchtesalat

Mahlzeit für 2 Personen

- 300–400 g gemischte Meeresfrüchte und frischer Fisch, z. B. Thunfisch, Krevetten/Garnelen, Muscheln, Kalamares, je nach Marktangebot
- 2 feste Tomaten
- 1 grüner Peperoni/Gemüsepaprika
- 1 Bund Rucola
- 10 schwarze Oliven

Marinade

- ca. 1½ EL Zitronensaft
- Kräutermeersalz
- frisch gemahlener Pfeffer
- 3–4 EL Olivenöl
- 1 Knoblauchzehe, durchgepresst

1 Meeresfrüchte und Fisch im Dampf 4 Minuten garen oder in wenig Olivenöl kurz braten. Oder beim Fischhändler fertige Meeresfrüchte kaufen.

2 Stielansatz bei den Tomaten kreisförmig ausstechen, Tomaten in Schnitze schneiden. Peperoni längs halbieren, Stielansatz und Kerne entfernen, Schotenhälften in 1 cm grosse Quadrate schneiden. Rucola von den Stielen zupfen, in Streifchen schneiden.

3 Marinade zubereiten.

4 Fisch, Meeresfrüchte, Tomaten und Peperoni mit der Marinade vermengen, 15 Minuten ziehen lassen. Mit Rucola und Oliven garnieren.

Mahlzeit

Mit gerösteten Brotscheiben/Toast servieren.

kcal	**470**
Fett in g	**31,2**
mehrfach ungesättigte Fettsäuren in g	**5,4**
einfach ungesättigte Fettsäuren in g	**17,2**
gesättigte Fettsäuren in g	**5,8**
Kohlenhydrate in g	**9,4**
Eiweiss (g)	**37,3**
Nahrungsfasern in g	**4,2**
Natrium (mg)	**850,8**

Ratatouille mit gebratenem Seeteufel

Mahlzeit für 2 Personen

Ratatouille

- 1 EL Olivenöl
- 1 Zwiebel, fein gehackt
- 2 Knoblauchzehen, durchgepresst
- 1 kleine Aubergine
- 1 mittelgrosser Zucchino
- je ½ gelber und roter Peperoni/ Gemüsepaprika
- 2 grosse Fleischtomaten, geschält
- frischer Rosmarin und Thymian oder ½ TL getrocknete Kräuter der Provence
- 1 Lorbeerblatt
- 1 dl/100 ml Weisswein
- 2 dl/200 ml Gemüsebrühe
- 2 EL fein gehackte Petersilie oder fein geschnittener Basilikum

Fisch

- 400 g Seeteufel oder anderer fester Meerfisch
- Kräutermeersalz
- frisch gemahlener Pfeffer
- ½ Zitrone, Saft
- abgezupfte Thymianblättchen

- Olivenöl, zum Braten

1 Aubergine und Zucchino beidseitig kappen, in etwa 15 mm grosse Würfel schneiden. Peperoni halbieren, Stielansatz und Kerne entfernen, Schotenhälften in etwa 15 mm grosse Quadrate schneiden. Stielansatz bei den Tomaten kreisförmig ausstechen, in Würfel schneiden.

2 Zwiebeln und Knoblauch im Olivenöl andünsten, Gemüse kurz mitdünsten. Kräuter und Lorbeerblatt unterrühren, mit Wein ablöschen, 2 Minuten köcheln lassen. Gemüsebrühe zugeben, etwa 10 Minuten köcheln lassen.

3 Fisch mit Salz und Pfeffer würzen, mit Zitronensaft beträufeln, mit Thymianblättchen bestreuen. In einer beschichteten Bratpfanne in wenig Olivenöl auf beiden Seiten braten, je nach Dicke 5 bis 7 Minuten.

4 Kräuter unter die Ratatouille rühren, mit dem Fisch anrichten.

kcal	**342**
Fett in g	**10,2**
mehrfach ungesättigte Fettsäuren in g	**2,7**
einfach ungesättigte Fettsäuren in g	**5,2**
gesättigte Fettsäuren in g	**1,7**
Kohlenhydrate in g	**16,7**
Eiweiss (g)	**36,8**
Nahrungsfasern in g	**7,0**
Natrium (mg)	**371,3**

Zucchini-Lachs-Röllchen

Mahlzeit für 1 Person

- 2 EL Olivenöl
- 2 mittelgrosse Zucchini, ca. 200 g
- Kräutermeersalz
- ca. 100 g Bio-Rauchlachs, in Scheiben
- frischer Dill
- 1 Bio-Zitrone, halbiert oder geviertelt

1 Zucchini beidseitig kappen und längs in möglichst feine Scheiben schneiden; das geht am besten mit dem Gemüsehobel oder mit einer Brotschneidemaschine. Olivenöl in einer beschichteten Bratpfanne erhitzen, Zucchinischeiben goldgelb braten, etwa 4 Minuten; die Zucchini sollen noch etwas Biss haben. Auf Küchenpapier abtropfen und auskühlen lassen, leicht salzen.

2 Rauchlachs auf die Zucchinischeiben verteilen, einrollen. Die Röllchen mit Zahnstocher fixieren, Dill und Zitronenscheibe mit aufspiessen.

Mahlzeit

Mit einem Salat und Toastbrot/Baguette servieren.

kcal	**429**
Fett in g	**29,0**
mehrfach ungesättigte Fettsäuren in g	**3,8**
einfach ungesättigte Fettsäuren in g	**18,6**
gesättigte Fettsäuren in g	**4,7**
Kohlenhydrate in g	**10,3**
Eiweiss (g)	**29,5**
Nahrungsfasern in g	**4,9**
Natrium (mg)	**84,0**

Felchenfilets auf Gemüse

Mahlzeit für 2 Personen

- 4 Felchenfilets oder andere Fischfilets, z. B. Rotbarbe
- Kräutermeersalz
- frisch gemahlener Pfeffer
- Zitronensaft

- Olivenöl, zum Braten

Gemüse

- 1 EL Olivenöl
- 1 Karotte
- 1 Zucchino
- 1 Lauchstange
- 1 Handvoll Sojasprossen
- wenig Gemüsebrühe

- wenig Dill
- fein gehackte Petersilie
- Limonenöl, nach Belieben

1 Felchenfilets mit Salz und Pfeffer würzen, mit Zitronensaft beträufeln.

2 Karotte schälen, quer halbieren, längs in Scheiben schneiden und diese in streichholzfeine Stäbchen. Zucchino beidseitig kappen, wie die Karotte in streichholzfeine Stäbchen schneiden. Zähe Hüllblätter beim Lauch entfernen, Stange in etwa 6 cm lange Stücke schneiden, diese in Längsrichtung in Streifen. Oder Gemüse klein würfeln.

3 Gemüse und Sojasprossen im Olivenöl andünsten. Wenig Gemüsebrühe zugeben, knackig garen.

4 Fischfilets in einer beschichteten Bratpfanne in wenig Olivenöl beidseitig braten.

5 Felchenfilets und Gemüse auf Tellern anrichten. Mit Dill und Petersilie garnieren. Limonenöl darüberträufeln.

Mahlzeit

Nach Belieben mit Kartoffelpüree servieren.

kcal	**77**
Fett in g	**2,7**
mehrfach ungesättigte Fettsäuren in g	**0,7**
einfach ungesättigte Fettsäuren in g	**1,3**
gesättigte Fettsäuren in g	**0,6**
Kohlenhydrate in g	**1,3**
Eiweiss (g)	**11,7**
Nahrungsfasern in g	**0,7**
Natrium (mg)	**94,5**

Mahlzeiten mit Fleisch

Lammsteak mit Limonen-Pfeffer-Marinade

Mahlzeit für 2 Personen

- 2 Lammsteaks oder
  4 kleine Lammfilets, ca. 240 g

Marinade

- 1 EL eingelegte grüne Pfefferkörner
- 1 EL eingelegte rote Pfefferkörner
- 2 Zweiglein Zitronenthymian oder normaler Thymian, Blättchen gezupft
- 1 TL Senf
- ½ Limette, Saft
- 1 Knoblauchzehe
- 2 EL Olivenöl
- Meersalz

Sommergemüse

- 4–5 Bundkarotten
- 1 Bund Frühlingszwiebeln
- 100 g Kefen/Zuckerschoten
- 100 g ausgelöste grüne Erbsen
- 2 EL Olivenöl
- wenig Gemüsebrühe
- Kräutermeersalz
- gehackte Minze oder Petersilie

1 Grüne und rote Pfefferkörner mit Wasser überbrausen, in einer Schüssel mit einer Gabel leicht zerdrücken, mit Thymian, Senf, Limettensaft, durchgepresstem Knoblauch und Olivenöl verrühren, mit Salz abschmecken.

2 Lammsteaks mit der Marinade bestreichen, im Kühlschrank 30 Minuten marinieren.

3 Für das Gemüse Karotten längs halbieren. Grün der Frühlingszwiebeln auf die Hälfte kürzen, Zwiebeln längs halbieren. Bei den Kefen Stielansatz und grobe Faser entfernen. Zwiebeln und Karotten im Olivenöl andünsten, ein wenig Gemüsebrühe zugeben, etwa 5 Minuten köcheln lassen. Kefen und Erbsen zufügen, 3 bis 4 Minuten köcheln. Das Gemüse soll noch Biss haben. Mit Kräutersalz und Kräutern abschmecken.

4 Lammsteaks in der Bratpfanne oder auf dem Grill beidseitig kurz braten, mit dem bunten Gemüse anrichten.

Serviervorschlag

Mit Salat bekommt man eine leichte, mit Kartoffeln oder Reis eine sättigende Mahlzeit.

kcal	**474**
Fett in g	**23,9**
mehrfach ungesättigte Fettsäuren in g	**2,7**
einfach ungesättigte Fettsäuren in g	**14,5**
gesättigte Fettsäuren in g	**4,3**
Kohlenhydrate in g	**32,3**
Eiweiss (g)	**31,6**
Nahrungsfasern in g	**12,0**
Natrium (mg)	**190,5**

Kalbsfilet mit Pilzen

für 2 Personen

- 1 EL Olivenöl
- 250 g Kalbsfilet, in Scheiben
- 1 Rosmarinzweig, Nadeln abgestreift und gehackt
- 2–3 Thymianzweiglein, Blättchen gezupft
- Kräutermeersalz
- frisch gemahlener Pfeffer

Pilze

- 1 EL Olivenöl
- 1 Schalotte, fein gehackt
- 1 Knoblauchzehe, durchgepresst
- 300 g gemischte Wald- oder Zuchtpilze, je nach Angebot
- 2 EL Weisswein
- 1 EL Rahm
- Kräutermeersalz
- frisch gemahlener Pfeffer
- 1 EL gehackte Petersilie

1 Kalbfleisch mit Salz und Pfeffer würzen, mit den Kräutern bestreuen.

2 Pilze je nach Verschmutzung trocken abreiben, nach Möglichkeit nicht waschen. Je nach Grösse ganz lassen, halbieren oder in Streifen schneiden.

3 Schalotten und Knoblauch im Öl andünsten. Pilze zugeben, bei starker Hitze einige Minuten rührbraten, mit Wein und Rahm ablöschen, kurz köcheln lassen. Würzen. Petersilie unterrühren.

4 Kalbsfiletscheiben im Öl beidseitig braten, mit dem Pilzragout anrichten.

Mahlzeit

Mit Reis oder Kartoffelpüree sowie Gemüse und/oder Salat servieren.

kcal	**314**
Fett in g	**17,1**
mehrfach ungesättigte Fettsäuren in g	**1,9**
einfach ungesättigte Fettsäuren in g	**10,1**
gesättigte Fettsäuren in g	**3,9**
Kohlenhydrate in g	**4,1**
Eiweiss (g)	**33,8**
Nahrungsfasern in g	**3,6**
Natrium (mg)	**139,9**

Kürbiscurry mit Rindfleisch

Mahlzeit für 2 Personen

- 1 EL Olivenöl
- 1 kleine Zwiebel, klein gewürfelt
- 1 Knoblauchzehe, klein gewürfelt
- 1 grüne Peperoni/Gemüsepaprika
- 600 g Kürbisfleisch, Muscade de Provence, Butternut, Acorn, entkernt, geschält, gewürfelt
- 1 TL milder Curry
- wenig Thymianblättchen
- ca. 2 dl/200 ml Gemüsebrühe

- 1 TL Olivenöl
- 200–240 g Rindfleischwürfel, zum Schnellbraten
- Meersalz
- frisch gemahlener Pfeffer

1 Peperoni längs halbieren, Stielansatz und Kerne entfernen, Schoten in Quadrate schneiden.

2 Zwiebeln und Knoblauch im Olivenöl andünsten, Peperoni mitdünsten, Kürbis kurz mitdünsten. Curry und Thymian unterrühren, Gemüsebrühe zugeben, bei schwacher Hitze köcheln, bis der Kürbis weich ist. Nicht zu oft rühren, sonst zerfallen die Kürbiswürfel.

3 Rindfleisch im heissen Olivenöl braten, würzen, unter das Gemüse vermengen.

kcal	**300**
Fett in g	**12,8**
mehrfach ungesättigte Fettsäuren in g	**2,1**
einfach ungesättigte Fettsäuren in g	**6,6**
gesättigte Fettsäuren in g	**3,1**
Kohlenhydrate in g	**19,5**
Eiweiss (g)	**25,7**
Nahrungsfasern in g	**9,2**
Natrium (mg)	**204,6**

Pouletschenkel mit Zitrone

Abbildung

für 2 Personen

Marinade

- 1¼ dl/125 ml Weisswein
- 1 Bio-Zitrone, Saft
- 1 EL Olivenöl
- 1 kleine Zwiebel, klein gehackt
- gemischte Kräuter, z. B. Rosmarin, Thymian, Salbei, Oregano, fein gehackt
- Kräutermeersalz

- 1 EL Olivenöl
- 2 Pouletschenkel/Hähnchenkeulen
- 1 Bio-Zitrone, geviertelt oder geachtelt
- frische, gehackte Kräuter, für die Garnitur

1 Marinade zubereiten. Pouletschenkel 4 Stunden oder länger in die Marinade einlegen. Mit Küchenpapier trocken tupfen.

2 Pouletschenkel im Schmortopf im Öl anbraten. Marinade zugeben. Schenkel je nach Grösse bei schwacher Hitze 20 bis 30 Minuten zugedeckt schmoren. Zitronen die letzten10 Minuten mitschmoren. Eventuell braucht es noch ein wenig Gemüsebrühe. Mit Kräutern bestreuen.

Mahlzeit

Mit Gemüse und Reis servieren.

kcal	518
Fett in g	34,7
mehrfach ungesättigte Fettsäuren in g	6,5
einfach ungesättigte Fettsäuren in g	15,4
gesättigte Fettsäuren in g	9,1
Kohlenhydrate in g	4,0
Eiweiss (g)	36,9
Nahrungsfasern in g	0,6
Natrium (mg)	192,8

Lammfilet auf Fenchelgemüse mit Oliven

für 2 Personen

- 1 EL Olivenöl
- 2 mittelgrosse Fenchel mit Grün
- Kräutermeersalz
- 8 entsteinte grüne Oliven, in Streifchen
- 1 dl/100 ml Gemüsebrühe, Zitronenpfeffer

- 250 g Lammfilet, in 2 cm dicken Scheiben
- Kräutermeersalz, frisch gemahlener Pfeffer
- zerdrückte grüne Pfefferkörner

1 Grobfasrige Teile beim Fenchel mit Sparschäler entfernen, Knollen halbieren, Hälften quer in möglichst feine Streifen schneiden oder hobeln. Das Grün fein hacken und beiseitestellen.

2 Fenchel im Olivenöl etwa 5 Minuten braten, leicht salzen. Oliven zugeben. Wenig Gemüsebrühe zugeben, 2 Minuten weiterdünsten. Fenchelgrün unterrühren, mit Zitronenpfeffer würzen.

3 Fleisch mit Salz und Pfeffer würzen, mit grünem Pfeffer bestreuen. Am besten über Nacht im Olivenöl einlegen. Kurz braten, mit Gemüse servieren.

Mahlzeit

Mit Reis, Nudeln oder Kartoffeln servieren.

kcal	263
Fett in g	14,4
mehrfach ungesättigte Fettsäuren in g	1,7
einfach ungesättigte Fettsäuren in g	7,8
gesättigte Fettsäuren in g	3,0
Kohlenhydrate in g	5,3
Eiweiss (g)	28,5
Nahrungsfasern in g	4,1
Natrium (mg)	191,3

Poulet-Zucchini-Spiess

für 2 Personen

- 2 Pouletbrustfilets
- 2 Zucchini

Marinade

- 1 Bio-Zitrone, wenig abgeriebene Schale
- 2 EL fein gehackte Kräuter, z. B. Rosmarin, Thymian, Majoran
- 4 EL Olivenöl
- Kräutermeersalz
- frisch gemahlener Pfeffer

1 Pouletfleisch in grosse Würfel schneiden. Zucchini beidseitig kappen, in 2 cm dicke Scheiben schneiden, im Dampf 2 Minuten vorgaren.

2 Marinade zubereiten, mit Salz und Pfeffer würzen.

3 Pouletfleisch und Zucchini abwechselnd auf Spiesschen reihen, mit der Marinade bepinseln, 15 Minuten marinieren.

4 Spiesschen in einer beschichteten Bratpfanne bei mittlerer Hitze braten oder im Ofen bei 220 °C 15 Minuten braten.

Mahlzeit

Mit gedünstetem Gemüse und Ofenkartoffeln oder Reis servieren.

kcal	**362**
Fett in g	**19,7**
mehrfach ungesättigte Fettsäuren in g	**2,2**
einfach ungesättigte Fettsäuren in g	**13,3**
gesättigte Fettsäuren in g	**3,1**
Kohlenhydrate in g	**5,7**
Eiweiss (g)	**40,1**
Nahrungsfasern in g	**2,8**
Natrium (mg)	**110,7**

Pouletbrust mit Olivenfüllung und Pinienkernen

für 2 Personen

- 2–3 EL Olivenpaste (Reformhaus)
- wenig Thymianblättchen
- 2 Poulet-/Hähnchenbrüste, je 150 g
- 1–2 EL Olivenöl, zum Braten
- Kräutermeersalz
- ½ Eiweiss
- 2 EL Pinienkerne

1 Backofen auf 220 °C vorheizen.

2 Olivenpaste und Thymianblättchen verrühren.

3 Pouletbrust aufschneiden, die Hälfte der Olivenpaste in die Taschen streichen. Fleisch in einer Bratpfanne im Öl beidseitig anbraten. Restliche Tapenade auf die Brüstchen verteilen (nur auf einer Seite). Pinienkerne mit dem Eiweiss vermengen, auf die Tapenade verteilen.

4 Pouletbrust im vorgeheizten Ofen bei 220 °C 12 Minuten backen.

Mahlzeit

Mit Reis oder im Dampf gegarten Kartoffeln oder Nudeln und Lauchgemüse servieren.

kcal	**359**
Fett in g	**20,7**
mehrfach ungesättigte Fettsäuren in g	**4,7**
einfach ungesättigte Fettsäuren in g	**11,1**
gesättigte Fettsäuren in g	**3,8**
Kohlenhydrate in g	**1,3**
Eiweiss (g)	**42,1**
Nahrungsfasern in g	**1,2**
Natrium (mg)	**237,1**

Rindfleischspiess mit Tsatsiki

für 2 Personen

- 2 EL Olivenöl
- 300 g Rindfleisch, zum Schnellbraten
- 10 frische Lorbeerblätter
- 100 g kleine Zwiebeln

Marinade

- 1 Zitrone, Saft
- ½ dl/50 ml Weisswein
- 2 EL Olivenöl
- ½ Bund Thymian, Blättchen gezupft
- Kräutermeersalz
- frisch gemahlener Pfeffer

Tsatsiki

- ½ Freilandgurke
- 250 g Naturjoghurt
- 1–2 Knoblauchzehen, durchgepresst, nach Belieben
- 1 EL gehackter Dill und etwas frische Minze
- 1 EL Olivenöl
- Meersalz

1 Rindfleisch in 3 cm grosse Würfel schneiden oder vom Metzger schneiden lassen. Mit der Marinade mischen, etwa 1 Stunde zugedeckt marinieren. Das Fleisch gut abtropfen lassen.

2 Fleischwürfel, Lorbeerblätter und Zwiebelchen (eventuell halbieren) auf Spiesse stecken.

3 Fleischspiesse in einer Bratpfanne im Öl rundum braten.

4 Für die Sauce Gurke schälen und auf Röstiraffel reiben, mit Joghurt, Knoblauch, Kräutern und Olivenöl vermengen. Mit Salz würzen.

Variante

Für den Spiess eignen sich auch Lamm- und Pouletfleisch.

Mahlzeit

Mit Reis oder Bratkartoffeln servieren.

kcal	**537**
Fett in g	**35,5**
mehrfach ungesättigte Fettsäuren in g	**2,9**
einfach ungesättigte Fettsäuren in g	**21,3**
gesättigte Fettsäuren in g	**9,2**
Kohlenhydrate in g	**12,3**
Eiweiss (g)	**37,4**
Nahrungsfasern in g	**1,7**
Natrium (mg)	**166,1**

Zucchini mit Hackfleischfüllung

für 2 Personen

- 2 mittelgrosse Zucchini
- 2 dl/200 ml Gemüsebrühe
- 120 g gehacktes Rindfleisch
- 80 g Feta, zerbröckelt
- 1 kleines Ei
- reichlich gehackte Kräuter, z. B. Petersilie, Thymian, Rosmarin, 2 bis 3 Minzeblättchen oder 2 TL getrocknete Kräuter der Provence
- 1 Knoblauchzehe, durchgepresst
- Kräutermeersalz
- frisch gemahlener Pfeffer
- 1 Bio-Zitrone, wenig abgeriebene Schale

1 Backofen auf 180 bis 200 °C vorheizen.

2 Zucchini beidseitig kappen, längs halbieren, mit dem Kugelausstecher vorsichtig aushöhlen. Ausgehöhltes Fleisch für eine Suppe, z. B. eine Zucchinisuppe, verwenden. Zucchini in wenig Gemüsebrühe 3 bis 5 Minuten dämpfen. Brühe für die Gratinform aufbewahren.

3 Hackfleisch mit Feta, Ei, Kräutern und Knoblauch mischen. Würzen mit Kräutersalz, Pfeffer und Zitronenschale.

4 Zucchinihälften leicht salzen, mit der Fleischmasse füllen. In eine feuerfeste Form legen. Ein wenig Gemüsebrühe in die Form giessen.

5 Die gefüllten Zucchini im vorgeheizten Ofen bei 180 °C rund 30 Minuten schmoren.

Mahlzeit

Mit Reis oder im Dampf gegarten Kartoffeln servieren.

Variante

Je nach Saison kann die Hackfleischmasse auch zum Füllen von Pâtissons, Tomaten, Gurken, Kohlrabi oder Zwiebeln verwendet werden. Ausgehöhlte Gurken, Kohlrabi und Zwiebeln ebenfalls vorgaren.

kcal	**343**
Fett in g	**23,3**
mehrfach ungesättigte Fettsäuren in g	**2,6**
einfach ungesättigte Fettsäuren in g	**7,9**
gesättigte Fettsäuren in g	**11,6**
Kohlenhydrate in g	**6,1**
Eiweiss (g)	**26,6**
Nahrungsfasern in g	**2,8**
Natrium (mg)	**608,5**

Desserts

Schnelles Himbeereis

für 2 Personen

- 300 g tiefgekühlte, angetaute Himbeeren
- 2 EL Rahm/Sahne
- 2 EL Naturjoghurt
- 1 EL Akazienblütenhonig

Angetaute Himbeeren und übrige Zutaten kurz mixen. Sofort servieren. Nicht mehr tiefkühlen, weil die Masse zu fest wird.

kcal	133
Fett in g	5,8
mehrfach ungesättigte Fettsäuren in g	0,5
einfach ungesättigte Fettsäuren in g	1,7
gesättigte Fettsäuren in g	3,2
Kohlenhydrate in g	14,3
Eiweiss (g)	3,0
Nahrungsfasern in g	7,4
Natrium (mg)	14,0

Erdbeer-Kiwi-Salat

für 2 Personen

- 200–250 g Erdbeeren
- 2 Kiwis
- 1 EL geröstete Mandelstifte
- Rosen- oder Borretschblütenblätter, für die Garnitur

Marinade

- 1 EL Zitronensaft
- 1 EL Akazienblütenhonig
- 1 Prise Vanillepulver
- 1 Prise Zimtpulver
- 1 EL Grand Marnier, nach Belieben

1 Erdbeeren entstielen und in Scheiben schneiden. Kiwis schälen, ebenfalls in Scheiben schneiden.

2 Erdbeeren und Kiwis fächerartig auf zwei Tellern anrichten. Marinade darüberträufeln. Mandelstifte darüberstreuen, mit Blütenblättern garnieren.

kcal	141
Fett in g	4,7
mehrfach ungesättigte Fettsäuren in g	1,3
einfach ungesättigte Fettsäuren in g	2,7
gesättigte Fettsäuren in g	0,5
Kohlenhydrate in g	17,5
Eiweiss (g)	3,2
Nahrungsfasern in g	4,8
Natrium (mg)	3,0

Mango-Quark-Mousse

für 2 Personen

- 80 g getrocknete Mangos (Reformhaus/Bioladen)
- 1½ dl/150 ml heisses Wasser
- 150 g Magerquark
- 1,2 dl/120 ml Rahm/Sahne
- Minzeblättchen, für die Garnitur

1 Getrocknete Mangos mit heissem Wasser übergiessen, 30 Minuten stehen lassen.

2 Mangos mit Flüssigkeit und Quark fein pürieren. Rahm steif schlagen und unterziehen. In Glasschalen anrichten. Mit Minzeblättchen garnieren.

Natur pur

Dieses Dessert enthält nur natürlichen Fruchtzucker. Die Mousse hat eine angenehme Säure.

kcal	**352**
Fett in g	**20,1**
mehrfach ungesättigte Fettsäuren in g	**0,7**
einfach ungesättigte Fettsäuren in g	**6,4**
gesättigte Fettsäuren in g	**11,7**
Kohlenhydrate in g	**28,8**
Eiweiss (g)	**12,7**
Nahrungsfasern in g	**3,3**
Natrium (mg)	**61,9**

Fruchtcocktail mit Joghurt und Nüssen

für 2 Personen

- 100 g Himbeeren
- 100 g Brombeeren
- 100 g Johannisbeeren
- 1 Pfirsich
- wenig Zitronensaft
- 1–2 EL Honig, je nach Süsse der Früchte

- 100 g Naturjoghurt
- 1 EL Honig

- 1 EL gehackte Baum-/Walnüsse
- Minze, für die Garnitur

1 Pfirsich halbieren und entsteinen, Fruchtfleisch würfeln.

2 Beeren, Pfirsich, Zitronensaft und Honig mischen. In Gläser füllen.

3 Joghurt und Honig verrühren, über die Früchte verteilen. Mit den Nüssen bestreuen. Mit der Minze garnieren.

kcal	188
Fett in g	8,0
mehrfach ungesättigte Fettsäuren in g	4,5
einfach ungesättigte Fettsäuren in g	1,6
gesättigte Fettsäuren in g	1,7
Kohlenhydrate in g	21,7
Eiweiss (g)	5,5
Nahrungsfasern in g	7,1
Natrium (mg)	27,3

Ananas mit Kokosnussflocken und Schokospänen

für 2 Personen

- ½ Ananas, ca. 300 g Fruchtfleisch, gewürfelt
- 2 EL Kokosnussflocken
- 1 EL grob geraspelte Zartbitterschokolade, nach Belieben

Ananas und Kokosnussflocken vermengen. Mit den Schokoladenraspeln bestreuen.

kcal	175
Fett in g	8,0
mehrfach ungesättigte Fettsäuren in g	0,3
einfach ungesättigte Fettsäuren in g	1,1
gesättigte Fettsäuren in g	6,2
Kohlenhydrate in g	22,8
Eiweiss (g)	2,0
Nahrungsfasern in g	4,2
Natrium (mg)	16,1

Erdbeer-Mascarpone-Schaum

für 2 Personen

- 10 grosse, aromatische Erdbeeren
- 6 EL Magerquark
- 2 EL Mascarpone
- einige Tropfen Zitronensaft
- 2 EL Akazienblütenhonig
- Erdbeeren, für die Garnitur

1 Erdbeeren entstielen und fein schneiden.
2 Quark, Mascarpone, Zitronensaft und Honig glatt rühren, Beeren unterrühren.
3 Creme auf Glasschalen verteilen. Mit Erdbeeren garnieren.

kcal	**162**
Fett in g	**6,4**
mehrfach ungesättigte Fettsäuren in g	**0,3**
einfach ungesättigte Fettsäuren in g	**1,5**
gesättigte Fettsäuren in g	**4,2**
Kohlenhydrate in g	**15,9**
Eiweiss (g)	**9,2**
Nahrungsfasern in g	**0,8**
Natrium (mg)	**31,4**

Ananassalat mit Kiwi und Pistazien

für 2 Personen

- ½ frische Ananas, ca. 350 g, in Scheiben
- 1 Kiwi
- 1 TL Honig
- 1 Bio-Orange, 2 EL Saft und wenig abgeriebene Schale
- 1 EL grob gehackte Pistazien oder andere Nüsse

1 Kiwi schälen und quer in Scheiben schneiden, mit Ananasscheiben auf Tellern anrichten.

2 Honig, Orangensaft und Orangenschale glatt rühren, über die Früchte träufeln. Mit Pistazien bestreuen.

kcal	**156**
Fett in g	**4,3**
mehrfach ungesättigte Fettsäuren in g	**0,8**
einfach ungesättigte Fettsäuren in g	**2,7**
gesättigte Fettsäuren in g	**0,5**
Kohlenhydrate in g	**24,9**
Eiweiss (g)	**2,6**
Nahrungsfasern in g	**3,9**
Natrium (mg)	**4,4**

Gebackene Bananen mit Zimt

für 2 Personen

- 2 kleine, feste Bananen
- ½ EL Butter
- 1 EL Rohrohrzucker
- 1 Prise Zimtpulver

Bananen schälen, als ganze Früchte in einer beschichteten Bratpfanne 3 bis 5 Minuten in der Butter braten. Mit Zucker und Zimt bestreuen.

kcal	**150**
Fett in g	**3,3**
mehrfach ungesättigte Fettsäuren in g	**0,1**
einfach ungesättigte Fettsäuren in g	**0,9**
gesättigte Fettsäuren in g	**2,1**
Kohlenhydrate in g	**27,9**
Eiweiss (g)	**1,2**
Nahrungsfasern in g	**2,2**
Natrium (mg)	**1,6**

Schoko-Marroni-Mousse mit Quark

für 2 bis 3 Personen

- 50 g Zartbitterschokolade
- 150 g Rahmquark
- 50 g gesüsstes Bio-Marronipüree
- 1 Bio-Orange, abgeriebene Schale

1 Schokolade auf der Bircherraffel oder im Cutter fein reiben.

2 Geriebene Schokolade, Quark, Marronipüree und Orangenschale glatt rühren.

3 Schoko-Marroni-Mousse anrichten.

Wichtig

Unbedingt Rahmquark verwenden. Mit Magerquark schmeckt die Mousse zu säuerlich!
Bio-Marronipüree enthält im Gegensatz zum handelsüblichen Püree keine Konservierungsmittel und ist nur schwach gesüsst (mit Rohrohrzucker). Das Püree kann einige Tage problemlos im Kühlschrank aufbewahrt oder auch tiefgekühlt werden.

kcal	**307**
Fett in g	**19,2**
mehrfach ungesättigte Fettsäuren in g	**0,7**
einfach ungesättigte Fettsäuren in g	**6,0**
gesättigte Fettsäuren in g	**11,5**
Kohlenhydrate in g	**24,4**
Eiweiss (g)	**9,0**
Nahrungsfasern in g	**3,9**
Natrium (mg)	**56,8**

Marinierte Orangenfilets mit Feigen

für 2 Personen

- 2 süsse Orangen oder rosa Grapefruits
- 2 frische Feigen
- 1 EL Grand Marnier
- 1 EL heller Honig
- 1 Prise Zimtpulver, nach Belieben
- einige Baum-/Walnüsse

1 Orangen oder Grapefruits mit einem Messer grosszügig schälen, auch die weisse Haut entfernen. Fruchtfilets aus den Trennhäutchen schneiden.

2 Fruchtreste gut auspressen, Saft mit Grand Marnier, Honig und Zimtpulver verrühren.

3 Feigen vierteln oder achteln.

4 Feigenviertel und Orangenfilets anrichten, mit dem Saft beträufeln. 10 Minuten marinieren. Mit den Nüssen garnieren.

kcal	**175**
Fett in g	**4,1**
mehrfach ungesättigte Fettsäuren in g	**2,8**
einfach ungesättigte Fettsäuren in g	**0,7**
gesättigte Fettsäuren in g	**0,4**
Kohlenhydrate in g	**27,7**
Eiweiss (g)	**3,3**
Nahrungsfasern in g	**5,3**
Natrium (mg)	**2,5**

Erdbeeren mit Orangenquark

für 2 Personen

- 250 g Erdbeeren
- Akazienblütenhonig, nach Belieben

- 200 g Rahmquark
- 1 Bio-Orange, abgeriebene Schale und Saft
- 1 EL Cointreau
- 2 TL Akazienblütenhonig
- 1 Prise Vanillepulver oder -zucker

1 Quark, Orangensaft und Orangenschale, Cointreau, Honig und Vanillepulver luftig aufschlagen. Auf Glasschalen verteilen.

2 Erdbeeren entstielen, je nach Grösse halbieren, vierteln oder in Scheiben schneiden, auf dem Quark anrichten. Mit wenig Honig beträufeln, je nach Süsse der Früchte.

kcal	**278**
Fett in g	**15,0**
mehrfach ungesättigte Fettsäuren in g	**0,8**
einfach ungesättigte Fettsäuren in g	**4,5**
gesättigte Fettsäuren in g	**8,8**
Kohlenhydrate in g	**21,3**
Eiweiss (g)	**9,4**
Nahrungsfasern in g	**2,5**
Natrium (mg)	**41,6**

Feigencarpaccio mit Mango

- 1 reife Mango
- 2–4 frische Feigen, je nach Grösse
- ½ Zitrone, Saft
- 1 EL Kokosnussflocken

1 Mango schälen. Fruchtfleisch in Scheiben vom flachen Kern schneiden, klein würfeln. Feigen in Scheiben schneiden.

2 Feigenscheiben auf Tellern anrichten. Mangowürfelchen in die Mitte geben. Mit dem Zitronensaft beträufeln. Kokosnussflocken darüberstreuen.

kcal	**141**
Fett in g	**3,6**
mehrfach ungesättigte Fettsäuren in g	**0,3**
einfach ungesättigte Fettsäuren in g	**0,5**
gesättigte Fettsäuren in g	**2,6**
Kohlenhydrate in g	**23,9**
Eiweiss (g)	**1,8**
Nahrungsfasern in g	**4,0**
Natrium (mg)	**10,7**

Birnen in Rotwein

für 2 Personen

- 2 kleine Birnen, z. B. Gute Luise
- ½ Zitrone, Saft
- ½ Orange, Saft
- 2½ dl/250 ml kräftiger Rotwein
- 2 EL Rohrohrzucker oder Birnendicksaft
- 1 Zimtstange
- 2 schwarze Pfefferkörner
- Minze, für die Garnitur

1 Birnen schälen, Stiel an der Frucht belassen.

2 Rotwein, Zitronen- und Orangensaft, Zimt, Pfefferkörner und Zucker in einem Pfännchen aufkochen. Birnen hineinlegen und bei schwacher Hitze 20 bis 25 Minuten köcheln, ab und zu drehen. Birnen im Wein auskühlen lassen, am besten über Nacht. Rotweinfond vor dem Servieren nochmals leicht erwärmen, mit den Birnen anrichten.

kcal	**217**
Fett in g	**0,4**
mehrfach ungesättigte Fettsäuren in g	**0,2**
einfach ungesättigte Fettsäuren in g	**0,1**
gesättigte Fettsäuren in g	**0,1**
Kohlenhydrate in g	**33,1**
Eiweiss (g)	**0,8**
Nahrungsfasern in g	**3,4**
Natrium (mg)	**5,4**

Register

Medizinischer Teil

Rezeptteil

Die Autoren

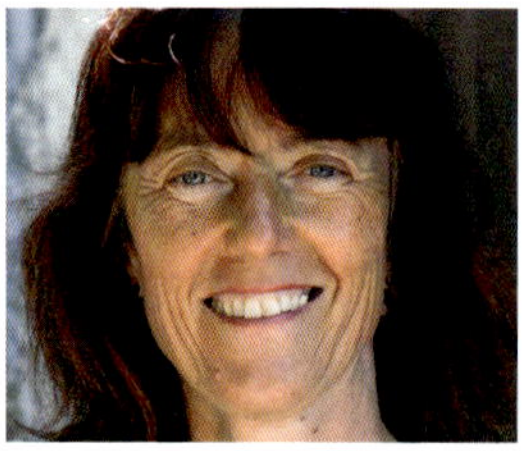

Peter E. Ballmer, ehemaliger Chefarzt der Klinik für Innere Medizin und Direktor des Departementes für Innere Medizin am Kantonsspital in Winterthur. Seit Jahren befasst er sich mit der Bedeutung der mediterranen Ernährungsweise zur Prävention von Herz-Kreislauf-Erkrankungen sowohl bei gesunden Menschen wie auch bei Herzpatienten. Er gehört in der Schweiz zu den Pionieren, die erstmals die Mittelmeerernährung im Spital eingesetzt haben. Diese senkt nachweislich das Risiko von Herz-Kreislauf-Krankheiten. Peter E. Ballmer ist ehemaliges Mitglied der Ernährungskommission der Schweizerischen Herzstiftung, Past Präsident der Gesellschaft für klinische Ernährung der Schweiz (GESKES-SSNC) und Mitglied der eidgenössischen Ernährungskommission (EEK).

Erica Bänziger ist gebürtige Appenzellerin. Sie hat während vieler Jahre in Berlin und München gelebt und wohnt nun im Tessin. Als diplomierte Ernährungsberaterin ist sie Dozentin an verschiedenen Naturheilpraktikerschulen und leitet Kochkurse in der ganzen Schweiz. Im Fona Verlag sind in den vergangenen Jahren viele erfolgreiche Kochbücher von ihr erschienen erschienen.

Maya Rühlin ist Leiterin der Ernährungsberatung und -therapie am Kantonsspital Winterthur. Sie ist Mitglied der Spital-Ernährungsberater/innen SpitTERB, einer Interessensgruppe des schweizerischen Verbands diplomierter Ernährungsberater/innen sowie im Vorstand der GESKES-SSNC. Als ausgewiesene Expertin befasst sie sich seit vielen Jahren intensiv mit Fragen der präventiven Ernährung im Bereich der Herz-Kreislauf-Erkrankungen sowie der Unter- bzw. Mangelernährung insbesondere von tumorkranken Menschen.